Lothar J. Seiwert
Balance Your Life

SERIE PIPER

Zu diesem Buch

Menschen haben gelernt, ihre Zeit optimal zu nutzen. Dabei haben sie jedoch einiges vergessen – Familie, Freunde, Sinnsuche und vor allem, ihr Leben im Gleichgewicht zu halten. Deutschlands führender Zeitmanagement-Experte zeigt Ihnen, wie Sie Ihr Leben in Balance halten können. Wer sein Leben darauf ausrichtet, möglichst viel in möglichst kurzer Zeit zu bewältigen, gerät rasch in die Burnout-Falle. In unserer beschleunigten Welt kommt es vielmehr darauf an, eine gesunde Balance zu halten, um allen wichtigen Lebensbereichen gerecht zu werden. Lothar J. Seiwert hat dazu das Konzept des Life-Leadership oder die Kunst, sich selbst zu führen, entwickelt. Das Buch hilft herauszufinden, was wirklich wichtig ist und wie man seine Prioritäten konsequent umsetzen kann.

Professor Dr. Lothar J. Seiwert ist der führende Zeitmanagement-Experte. Seine internationalen Bestseller »Das 1 x 1 des Zeitmanagement«, »Mehr Zeit für das Wesentliche«, »Wenn du es eilig hast, gehe langsam« und zuletzt »Das Bumerang-Prinzip: Mehr Zeit fürs Glück« wurden in 20 Sprachen übersetzt und mehr als drei Millionen Mal verkauft. Zusammen mit Werner Tiki Küstenmacher schrieb er eines der erfolgreichsten Sachbücher der letzten Jahre: »Simplify your life«. Er leitet die Trainings- und Beratungsfirma Seiwert-Institut GmbH Time-Management und Life-Leadership© in Heidelberg und wurde vielfach mit nationalen und internationalen Preisen ausgezeichnet. Weiteres zum Autor: www.seiwert.de und www.bumerang-prinzip.de
Werner Tiki Küstenmacher ist gelernter evangelischer Pfarrer, Karikaturist und Autor. Zusammen mit seiner Frau Marion Küstenmacher ist er Chefredakteur des monatlich erscheinenden Beratungsdienstes »simplify your life«.
Weiteres zum Autor: www.simplify.de

Lothar J. Seiwert

Balance Your Life

Die Kunst, sich selbst zu führen

Mit Cartoons von
Werner Tiki Küstenmacher

Piper München Zürich

Copyright: © »Life-Leadership« ist eine eingetragene, geschützte Marke (früher: Warenzeichen) von Lothar J. Seiwert, Heidelberg.

Ungekürzte Taschenbuchausgabe
Piper Verlag GmbH, München
Juli 2004

unter dem Titel:
»Life-Leadership®. Sinnvolles Selbstmanagement für ein Leben in Balance«
Umschlag/Bildredaktion: Büro Hamburg
Isabel Bünermann, Friederike Franz,
Charlotte Wippermann, Katharina Oesten
Umschlagabbildung: Werner Tiki Küstenmacher
Satz: Leingärtner, Nabburg
Druck und Bindung: Clausen & Bosse, Leck
Printed in Germany ISBN 3-492-24171-9

www.piper.de

Inhalt

Balance Your Life: Was Sie als Life-Leader erwartet

Sicherlich kennen Sie folgende Situation: Sie haben noch viel zu tun. Trotzdem sind Sie zuversichtlich, dass Sie alles pünktlich schaffen werden. Doch dann passiert das Unvorhergesehene. Ihr Chef steht vor der Tür und sagt Ihnen, dass Sie bis morgen noch dringend das Projekt xy fertigstellen müssen. Oder: Ihr Kind wird krank. Und schon müssen Sie Ihren Zeitplan umwerfen. Doch nicht nur das. Zudem stecken Sie in einem inneren Konflikt. Wie reagiert mein Lebenspartner, wenn ich schon wieder anrufe und ihm sage: »Es tut mir leid. Aber heute wird es später …«? Oder: Wie reagieren mein Chef und meine Kollegen, wenn ich schon wieder wegen meines kranken Kindes zu Hause bleiben muss?

Zeitplan umwerfen

Ihnen ist bewusst: Selbst wenn ich meine Zeit effektiv nutze und mein Leben intensiv plane, werde ich all den Anforderungen, die an mich gestellt werden, nicht gerecht. Ich führe kein *er-fülltes* Leben, sondern meine Tage sind ständig mehr *ge-füllt*. Ich hetze von einem Termin zum nächsten, aber trotzdem kommt stets etwas zu kurz. Wenn es nicht die Arbeit ist oder die Freunde, dann

Ein er-fülltes Leben

ist es vielleicht mein Bedürfnis, regelmäßig Sport zu treiben, um körperlich fit zu sein. Oder mein Bedürfnis, mich einfach mal zurückzulehnen oder ein gutes Buch zu lesen, um neue Kraft und Ideen zu tanken.

Das empfinden immer mehr Menschen. Das ist kein Zufall und auch kein Ausdruck individuellen Versagens. Es ist vielmehr ein Phänomen unserer Zeit. Sie ist von ständigen Veränderungen geprägt. Was heute noch gilt, ist morgen schon überholt. Mit entsprechend vielen neuen Anforderungen und Herausforderungen werden wir konfrontiert – beruflich und privat. Eigentlich müssten wir uns regelmäßig zurücklehnen und uns fragen:

Regelmäßig zurücklehnen

- Was *will* ich?
- Was ist mir wirklich *wichtig*?
- Und wie kann ich meine Ziele *künftig* erreichen?

Doch dafür fehlen uns oft die Zeit und Muße. In unserer Non-Stop-Gesellschaft wird zunehmend von uns gefordert, stets erreichbar und ansprechbar zu sein. Ein gezieltes Ausklinken wird immer schwerer.

Und natürlich sollen wir flexibel und mobil sein – speziell bei unserer Arbeit. Dort sollen wir nicht nur unsere Arbeitszeit den betrieblichen Notwendigkeiten anpassen, sondern sollen zudem morgen in Dresden und übermorgen in Chicago arbeiten. Dieses Mindestmaß an Flexibilität und Mobilität wird nicht nur von uns, sondern auch von unserer Familie erwartet.

Flexibilität und Mobilität

Wen wundert es, dass immer mehr Menschen Probleme damit haben, die Balance zwischen den vier Lebensbereichen »Arbeit/Leistung«, »Körper/Gesundheit«, »Familie/Soziales« sowie »Sinn/Kultur« zu wahren. Regelmäßig zwingen uns unsere Lebensumstände, den Fokus einseitig auf einen der vier Bereiche zu verlagern. Wird dies zum Dauerzustand, dann ist der Weg zur

Vier Lebensbereiche

Sinnkrise, zum Burn-out, zum Herzinfarkt oder zum Wunsch auszusteigen nicht mehr weit.

Anforderungen vereinbar?

Viele Anforderungen, die an uns gestellt werden, sowie Wünsche und Bedürfnisse, die wir haben, lassen sich heute nur noch äußerst schwer oder überhaupt nicht mehr vereinen. So ist es zum Beispiel fast nicht zu realisieren, dass beide Lebenspartner eine Topkarriere machen und zugleich auf Dauer eine harmonische Beziehung führen. Auch die Anforderungen, die Arbeitsleben und Elternschaft an uns stellen, sind äußerst schwierig zu bewältigen. Da helfen selbst das beste Zeit- und Selbstmanagement im Lebensalltag oft nicht mehr weiter. Denn sie lassen außer Acht, dass wir unsere Lebensplanung stets mit anderen Menschen, die uns wichtig oder von denen wir abhängig sind, abstimmen müssen, da diese ebenfalls eigene Interessen haben.

Vision entwickeln

Fakt ist also, dass unser Leben künftig von Brüchen gekennzeichnet sein wird – ganz gleich, ob es sich hierbei um (erzwungene) Berufs-, Orts- oder Arbeitgeberwechsel oder die Trennung von einem Lebens-(Ehe-)partner handelt. Umso wichtiger ist es, dass wir eine klare Vorstellung, eine Vision entwickeln, wie wir unser Leben aktiv gestalten können und Strategien entwickeln, um mögliche Krisen zu umsegeln und ein *er-fülltes* Leben zu führen.

Life-Leadership-Konzept

Dabei kann Ihnen das in diesem Buch vorgestellte *Life-Leadership-Konzept* helfen. Es will Sie dabei unterstützen, in einer von Veränderungen geprägten Umwelt die *Balance* im Leben zu wahren, indem Sie vertrauend auf Ihre Fähigkeiten und Fertigkeiten Ihr Leben aktiv und selbstverantwortlich gestalten. Es hilft Ihnen, Freiheit nicht mit Unabhängigkeit zu verwechseln, und lehrt Sie, Ihre (emotionale) Abhängigkeit von den Menschen, die Sie lieben, zu akzeptieren. Denn nur, wenn wir unsere

Beziehungen gezielt pflegen, können wir daraus die Kraft ziehen, die wir zum Meistern der an uns gestellten Herausforderungen brauchen.

Im ersten Teil skizziere ich, vor welchen *Herausforderungen* wir stehen, warum es stets schwieriger wird, ein Leben in *Balance* zu führen, und warum wir *Life-Leader* werden müssen. Die Kapitel 5 und 6 zeigen Ihnen, warum das klassische Zeit- und Selbstmanagement an Grenzen stößt und es heute nicht mehr genügt, unsere Zeit effektiv zu nutzen und uns selbst zu managen, um ein *er-fülltes* Leben zu führen.

Ich erläutere Ihnen, warum wir vor allem die Beziehung zwischen den vier Lebensbereichen und zu unserem Umfeld managen müssen, um auf Dauer ein *er-fülltes* Leben in Balance zu genießen. Natürlich bleiben Zeit- und Selbstmanagement weiterhin wertvolle Hilfsmittel dafür. Diese Techniken angemessen zu vermitteln, hätte aber den Rahmen dieses Buches gesprengt. Ich möchte Sie daher auf mein Buch *Wenn Du es eilig hast, gehe langsam* verweisen, das sich diesen Techniken ausführlich und praxiserprobt widmet.

Fähigkeiten eines Life-Leaders

Im zweiten Teil beschreibe ich dann die *Fähigkeiten und Fertigkeiten* sowie die Lebenshaltung, die einen *Life-Leader* auszeichnen, der nicht mit festem, sondern mit federndem Schritt durchs Leben geht. Um diese Leichtigkeit zu entwickeln, müssen wir eine Lebensmelodie in unserem Kopf haben und ein neues Lebensgefühl entwickeln. So sollten wir unter anderem lernen, das Scheitern als Teil der menschlichen Existenz zu akzeptieren. Außerdem sollten wir lernen, aus unseren Fehlern Kraft zu ziehen, denn jedes Scheitern bedeutet: Wir haben zumindest den Versuch gewagt. Damit haben wir mehr erreicht als alle, die auf den Versuch verzichten, ihr Leben aktiv zu gestalten. Zeigen möchte ich Ihnen auch, wie Sie die innere Stabilität entwickeln, um mit der Haltung »Schau'n wir mal« gelassen den künftigen Herausforderungen entgegenzusehen.

Der dritte Teil dieses Buches ist ausschließlich dem *Tun* gewidmet. Sie erhalten konkrete Anleitungen, wie Sie eine Vision von Ihrem Leben entwickeln und die Balance in Ihrem Leben erreichen und bewahren können. Dabei ist es mir wichtig, dass Sie wissen: Das Streben nach *Balance* ist ein permanenter Prozess, da sich nicht nur unsere Umwelt, sondern auch wir selbst uns permanent verändern. Das ist oft mühsam; das macht unser Leben aber auch so spannend und interessant.

Permanenter Prozess

Teil 1

Leben in der Welt von morgen

Kapitel 1

Auf der Suche nach einem er-füllten Leben

Alltag im Supermarkt. Vor der Kasse steht eine Schlange. Fünf, sechs Männer und Frauen warten darauf, dass sie an der Reihe sind. Ein Mann in grauem Anzug blickt hastig auf seine Armbanduhr. Offensichtlich hat er es eilig. Eine Mutter zerrt an ihren quengelnden Kindern. Langsam bewegt sich die Schlange vorwärts. Doch dann entsteht ein kurzer Stau. Die Papierrolle in der Kasse ist aufgebraucht. Sofort ertönt aus mehreren Kehlen ein lautes Stöhnen. Augäpfel werden als Ausdruck des Missfallens hin- und hergerollt. Manche blicken auf ihre Armbanduhr. Jeder ist offensichtlich *genervt*, dass er ein, zwei Minuten länger warten muss als gedacht. Entsprechend gereizt ist die Stimmung.

Szene: Supermarkt

Alltag auf der Straße. Wir fahren auf der Autobahn und überholen gerade einen Lastwagen. Plötzlich kommt von hinten ein anderes Fahrzeug angerauscht. Der gesetzte Blinker signalisiert uns: Aus dem Weg! Ich will vorbei! Doch wir können nicht schneller fahren. Vor uns befinden sich noch weitere Fahrzeuge. Also traktiert uns der Fahrer mit der Lichthupe. Weg da! Aus dem Weg! Unser Adrenalinspiegel steigt. Nachdem wir den

Szene: Autobahn

Lastwagen überholt haben, wechseln wir *hastig* wieder auf die rechte Seite, doch in uns brodelt es.

Szene: Büro

Alltag im Büro. Gemeinsam gehen die Teilnehmer eines Meetings die Tagesordnung durch. Ein Punkt nach dem anderen wird abgehakt. Dann verkündet der Chef, dass die Arbeit künftig anders strukturiert werden soll. Ein Mitarbeiter hat Einwände. Seiner Ansicht nach ist das neue Vorgehen nicht praktikabel. Doch kaum beginnt der Mitarbeiter, seine Argumente zu erläutern, fällt ihm sein Chef ins Wort. »Haben Sie nicht gehört, dass wir es künftig so und nicht anders machen? Oder sollen wir hier ewig debattieren?« Damit ist das Thema abgehakt.

Solche Situationen kennen Sie vermutlich auch. Immer öfter machen wir die Erfahrung:

> Zeit ist für uns und unsere Mitmenschen ein kostbares Gut. Und dieses Gut wird immer »knapper« und damit wertvoller.

Engpass Zeit

Entsprechend oft sind wir im Alltag *gehetzt*. Kaum sind wir an einem Ort, möchten wir woanders sein. Kaum haben wir eine Tätigkeit begonnen, packt uns die innere Unruhe, weil wir noch hundert andere Dinge erledigen wollen.

Fast scheint es so, als hätten wir umso weniger Zeit, je mehr Maschinen uns zu Hause und am Arbeitsplatz umgeben, die uns die Arbeit erleichtern und uns helfen sollen, Zeit zu sparen.

Teufelskreis

Dabei beginnt der Kreislauf meist schon am frühen Morgen. Wir stehen auf. Wir waschen uns. Wir stürzen eine Tasse Tee oder Kaffee hinunter, während wir uns den Pullover oder das Hemd überstreifen. Wir verschlingen ein Frühstücksbrötchen, während wir bereits den Wohnungsschlüssel in der Hand halten und unsere Jacke anziehen. Und falls wir zudem ein, zwei Kinder zu versorgen haben, putzen wir ihnen zwischendurch noch die Nase und schnüren ihnen die Schuhe. Und im Büro? Da geht die Hetze weiter. Ein Termin jagt den nächsten. Kaum haben wir den Telefonhörer aufgelegt, steht ein Kollege in der Tür.

High-Speed-Tempo

In diesem *Tempo* geht es den ganzen Tag weiter. Und sitzen wir dann abends endlich auf dem Sofa vor dem Fernsehgerät, spüren wir oft neben unserer Erschöpfung auch ein Gefühl der inneren Unruhe und Unzufriedenheit. Uns wird deutlich:

> Wenn ich ein Leben im High-Speed-Tempo führe, führe ich zwar ein *ge-fülltes*, aber kein *er-fülltes* Leben. Mein Lebensziel erreiche ich so nicht.

Wenn wir am Abend, am Wochenende oder während des Urlaubs endlich etwas Zeit für uns haben und über unseren Alltag und unser Leben nachdenken: Stellt sich dann zuweilen auch bei Ihnen die diffuse Ahnung ein: Irgendetwas läuft falsch. Früher war ich so ein kreativer Mensch, *doch heute funktioniere ich nur noch*?

Gute Vorsätze

Oft gibt es für dieses Nachdenken auch konkrete Anlässe. Zum Beispiel, wenn uns plötzlich Rückenschmerzen plagen oder wir unter Schlafstörungen leiden. Dann fragen wir uns:

Was soll die endlose *Hetzerei*, wenn ich dadurch auf Dauer meine Gesundheit ruiniere?

Zeit für das Wesentliche

Vielleicht werden Sie aber auch nachdenklich, wenn Sie endlich mal wieder mit Freunden gemütlich zusammensitzen oder mit Ihren Kindern spielen. Dann spüren Sie: Eigentlich müsste ich das viel öfter tun. Doch leider fehlt mir im Alltag dafür die *Zeit*.

In solchen Situationen haben Sie vermutlich schon oft den Entschluss gefasst: *Ich will etwas in meinem Leben ändern*.

- Ich will künftig mehr Sport treiben, damit ich fitter werde.
- Ich will ab sofort mehr Zeit mit meinen Kindern verbringen, damit ich ihnen nicht fremd werde.
- Ich werde mit meinem Partner regelmäßig zum Essen oder ins Theater gehen, damit wir nicht nur den grauen Alltag miteinander teilen.
- Ich will von nun an mehr Zeit mit meinen Freunden verbringen, damit ich nicht irgendwann vereinsame.
- Ich werde in Zukunft regelmäßiger ein »gutes« Buch lesen, damit ich geistig nicht verkümmere.

Halbwertszeit unserer Vorsätze

Endlos sind die guten Vorsätze, die wir in solchen Situationen fassen. Doch leider haben wir sie oft am nächsten Morgen wieder vergessen. Dann klingelt erneut der Wecker. Dann beginnt der *Kreislauf* aufs Neue. Aufstehen, waschen, anziehen …

Manchmal sind die guten Vorsätze aber auch nicht vergessen. Wir schieben sie wie einen Berg vor uns her:

- *Eigentlich* würde ich gerne regelmäßig Bücher lesen, aber leider …
- *Eigentlich* würde ich gerne häufiger mit meinen Kindern spielen, aber leider …
- *Eigentlich* würde ich gerne eine Weiterbildung besuchen, aber leider …

Gute Vorsätze

Tragen Sie in die Tabelle Ihre guten Vorsätze ein und was Sie an deren Umsetzung hindert.

Eigentlich würde ich gerne ....,	aber leider ....
Eigentlich würde ich gerne ....,	aber leider ....
Eigentlich würde ich gerne ....,	aber leider ....
Eigentlich würde ich gerne ....,	aber leider ....
Eigentlich würde ich gerne ....,	aber leider ....
Eigentlich würde ich gerne ....,	aber leider ....
Eigentlich würde ich gerne ....,	aber leider ....
Eigentlich würde ich gerne ....,	aber leider ....
Eigentlich würde ich gerne ....,	aber leider ....
Eigentlich würde ich gerne ....,	aber leider ....

Was ist die Hauptursache dafür, dass Sie Ihre Vorsätze nicht realisieren?
....
....

- *Eigentlich* würde ich gerne regelmäßig schwimmen gehen, aber leider …

Keine Zeit?

Solche Denksätze schleppt jeder mit sich herum und meist enden sie mit den Worten: »Aber leider habe ich keine Zeit.« Diesen Satz sagen wir uns oft so lange, bis wir uns keine Zeit mehr nehmen müssen – weil es zu spät ist.

Wenn wir erst einmal chronische Rückenschmerzen haben, können wir nur noch lindern, aber nicht mehr kurieren. Wenn unsere Kinder erwachsen sind, brauchen wir uns keine Zeit mehr zu nehmen, um mit ihnen »Fang-den-Hut« oder Playmobil zu spielen. Ist unser Ehe- oder Lebenspartner gerade aus der gemeinsamen Wohnung ausgezogen, brauchen wir uns keine Zeit mehr zu nehmen, um mit ihm ins Theater zu gehen. Dann müssen wir nur noch einen Termin beim Scheidungsanwalt vereinbaren. Liegt unsere Kündigung auf dem Tisch, brauchen wir uns keine Zeit mehr zu nehmen, um uns die Fähigkeiten anzueignen, die wir in unserem Job gebraucht hätten. Dann ist es sinnvoller, Bewerbungen zu schreiben.

Die wichtigen Dinge tun

Wichtigkeit oder Dringlichkeit

Warum gehen wir im Alltag mit den Dingen, die uns wirklich wichtig sind, so sorglos um? Warum tun wir so oft nicht das, was uns wichtig ist? Weil wir im Alltag häufig vergessen:

> Alle wirklich wichtigen Dinge in unserem Leben sind nicht dringend. Sie werden allenfalls dringend, wenn wir sie lange vernachlässigen.

Dass wir joggen gehen, ist nie dringend. Das können wir auch auf morgen verschieben. Dass wir mit unseren Freunden zusammensitzen, ist nie dringend. Das können wir auch noch nächste Woche tun. Dass wir uns weiterbilden, ist nie dringend. Damit können wir auch noch nächstes Jahr beginnen. Doch irgendwann ist es schließlich zu spät.

Die Gefahr, dass wir immer öfter Wichtiges vor uns herschieben, wird stets größer. Aus einem einfachen Grund: In unserer modernen Gesellschaft werden immer mehr Anforderungen an uns gestellt. Je größer aber der Anforderungsdruck ist, der auf uns lastet, umso größer ist die Wahrscheinlichkeit, dass wir die wirklich wichtigen Dinge verschieben. Denn nichts und niemand zwingt uns dazu, uns mit ihnen zu befassen – außer wir tun es selbst.

Deshalb sollten wir uns regelmäßig fragen:

- Was ist mir wirklich *wichtig*?
- Was muss ich tun, um mein Lebensziel, ein *er-fülltes* Leben zu führen, zu erreichen?

Es gibt viele Menschen, die sich diese Frage regelmäßig stellen. Doch leider nur bezogen auf ihre Arbeit. Sie wissen, was sie in ihrem Beruf erreichen möchten: Ich möchte in drei Jahren Abteilungsleiter sein. Ich will 100 000 Euro verdienen. Bei ihrer Arbeit wissen sie auch, worauf es (ihnen) ankommt. Hier sind sie wahre »Leader«, wie man in den USA Führungspersönlichkeiten bezeichnet. Bezogen auf ihre anderen Lebensbereiche sind sie aber keine *Leader-of-her/his-Life*, und manchmal sogar regelrechte »Versager«.

Burn-out-Effekt

Viele von uns führen ein solches *High-Speed-Leben*, dass man ihnen heute bereits prophezeien kann: In zehn Jahren hast du entweder einen Herzinfarkt oder du bist ausgebrannt. Oder sie vernachlässigen ihre privaten Beziehungen so stark, dass man ihnen heute schon vorhersagen kann: In fünf bis zehn Jahren kannst du dir einen neuen Lebenspartner suchen und wirst du unter Vereinsamung leiden. Oder sie messen dem Geldverdienen in ihrem Leben eine so dominante Bedeutung bei, dass man ihnen heute schon prophezeien kann: In zehn Jahren packt dich garantiert die Sinnkrise, denn Geld allein macht nicht glücklich.

Lebensbereiche

Warum lässt sich dies voraussagen? Die Betroffenen haben zwar für ihren Lebensbereich »Arbeit/Leistung« klare Ziele. Sie vergessen aber, dass unser Leben mehr Dimensionen umfasst. Neben dem Bereich *»Arbeit/Leistung«* können wir es einteilen in die Bereiche *»Familie/Kontakt«*, *»Sinn/Kultur«* und *»Körper/Gesundheit«*. Und nur wenn wir diese vier Bereiche in der Balance halten, können wir auf Dauer ein *er-fülltes* Leben führen. Vernachlässigen wir einen dieser Lebensbereiche längerfristig, ist ein Scheitern vorprogrammiert.

Hiervon sind Sie nicht nur bedroht, wenn Sie eine Topkarriere anstreben und den Schwerpunkt Ihres Lebens einseitig auf den Bereich »Arbeit/Leistung« legen. Ähnlich ergeht es Ihnen als Hausfrau, wenn Sie Ihr gesamtes Leben allein über den Bereich »Familie/Kontakt« definieren. Das heißt, wenn Sie sich ausschließlich um das Wohl Ihrer Kinder und Ihres Ehemanns kümmern. Ähnlich ergeht es Ihnen aber auch, wenn Sie Ihrem Freundeskreis und Ihren Freizeitaktivitäten

die oberste Priorität einräumen und deshalb kaum Zeit finden, um den Anforderungen, die der Bereich »Arbeit/Leistung« an Sie stellt, gerecht zu werden. Auch dann ist eine Krise vorprogrammiert. Sei es, weil die Kinder aus dem Haus gehen oder Ihr treusorgender Ehemann plötzlich sein Herz für eine Jüngere entdeckt. Oder weil plötzlich eine Kündigung auf Ihrem Tisch liegt. In beiden Fällen ist es Ihnen nicht gelungen, die *Balance zwischen den vier Lebensbereichen* zu wahren.

Balance wahren

Balance zu wahren wird in unserer Gesellschaft immer schwieriger. Vielleicht spüren auch Sie: Selbst wenn ich mit meiner Zeit noch so gut haushalte, werde ich trotzdem nicht allen Anforderungen gerecht. Wenn ich meinem Job die nötige Bedeutung beimesse, bleibt mir automatisch wenig Zeit für meine Familie. Wenn ich umgekehrt meiner Familie, meinen Freunden, meinen Bekannten und Verwandten viel Zeit schenke, bekomme ich automatisch Schwierigkeiten im Beruf. Und mein Bedürfnis, mehr Sport zu treiben und ab und zu ins Kino zu gehen? Oder mein Wunsch, einfach mal nichts zu tun oder mich sozial zu engagieren? Das alles fällt ohnehin unter den Tisch, wenn ich alle Anforderungen erfülle, die in den Bereichen »Arbeit/Leistung« und »Familie/Kontakt« an mich gestellt werden.

Balance-Problem

Beziehungen managen

Beim klassischen Zeitmanagement versuchen wir vor allem, unsere (Arbeits-)Zeit effektiv zu nutzen. Beim Selbstmanagement geht es in erster Linie darum, uns selbst zu managen. Völlig außer Acht lassen aber beide Ansätze, dass es bei unserem Versuch, ein *er-fülltes* Leben zu führen, letztlich um ein Managen von Beziehungen

Das Modell der Lebens-Balance

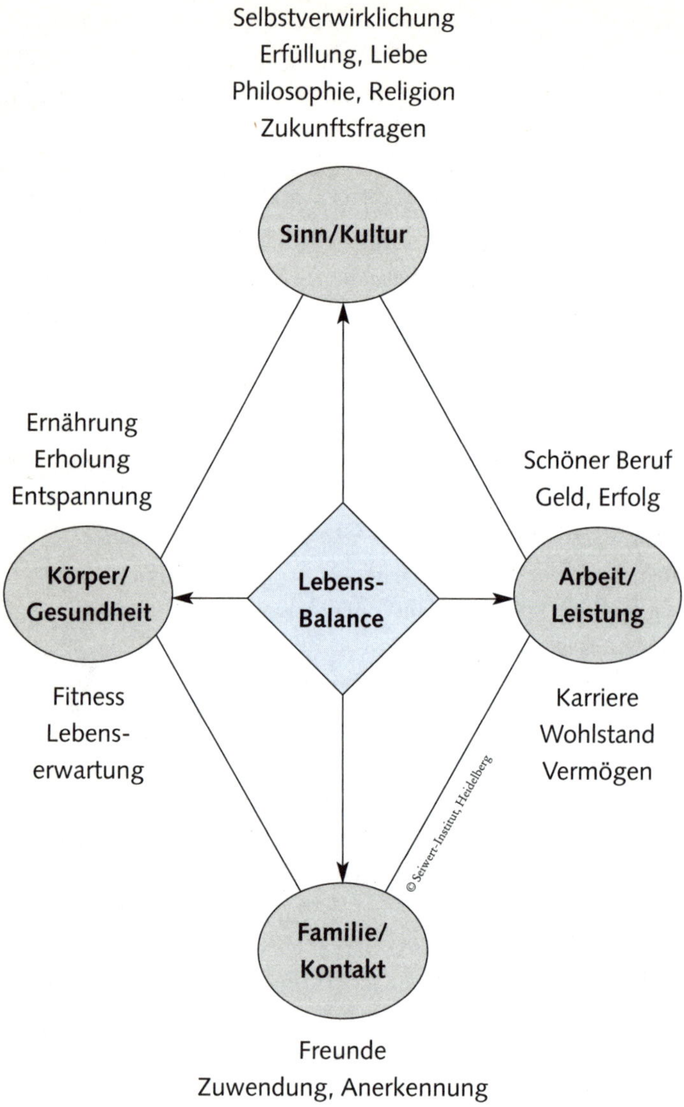

geht. Und zwar auf zwei Ebenen: Zum einen müssen wir die *Beziehung zwischen den vier Lebensbereichen* so gestalten, dass zwischen ihnen eine Balance besteht. Wer nur arbeitet, bekommt auf Dauer automatisch Probleme in den drei anderen Lebensbereichen. Und nicht nur da: Wer körperlich oder psychisch ausgebrannt oder einsam ist, wird irgendwann auch im Beruf keine Topleistung mehr erbringen. Entscheidend ist daher die rechte Balance in unserem Leben und das heißt die rechte Beziehung zwischen den vier Lebensbereichen.

Beziehung zwischen den vier Lebensbereichen

Zum anderen müssen wir die Beziehung *zu unserer Umwelt* managen. Auch dies ist wichtig. Denn was nützt es Ihnen, wenn Sie sich vornehmen: »Ich gehe jeden Abend joggen«, aber Ihr Lebenspartner sagt: »Wenn du abends schon so spät nach Hause kommst, könntest du dir wenigstens dann noch Zeit für die Kinder und für mich nehmen.« Dann haben Sie ein Problem. Oder was nützt es Ihnen, wenn Sie sich als Ziel setzen, in zwei Jahren Abteilungsleiter zu sein und 750 Euro mehr zu verdienen, Ihr Chef aber Ihren Kollegen bevorzugt und Ihnen eine Gehaltserhöhung verweigert? Auch dann haben Sie ein Problem.

Beziehung zu unserer Umwelt

Das heißt: Unsere wahren Probleme ergeben sich meist aus dem Beziehungsgeflecht, in das wir eingebettet sind. Sie erwachsen daraus, dass unsere Wünsche und Bedürfnisse nicht mit denen unserer Bezugspersonen harmonieren.

Dieses Eingewoben-sein müssen wir bei unserer Lebensplanung und -gestaltung stärker bedenken. Das *Life-Leadership-Konzept* unterstützt Sie dabei, ein neues Selbstverständnis zu entwickeln, das unser Abhängigsein und Angewiesensein akzeptiert. Zugleich zeigt es Ihnen Wege, wie Sie ein *Life-Leader* werden, das heißt, Ihr Leben aktiv und eigenverantwortlich gestalten und in Balance halten.

Life-Leader werden

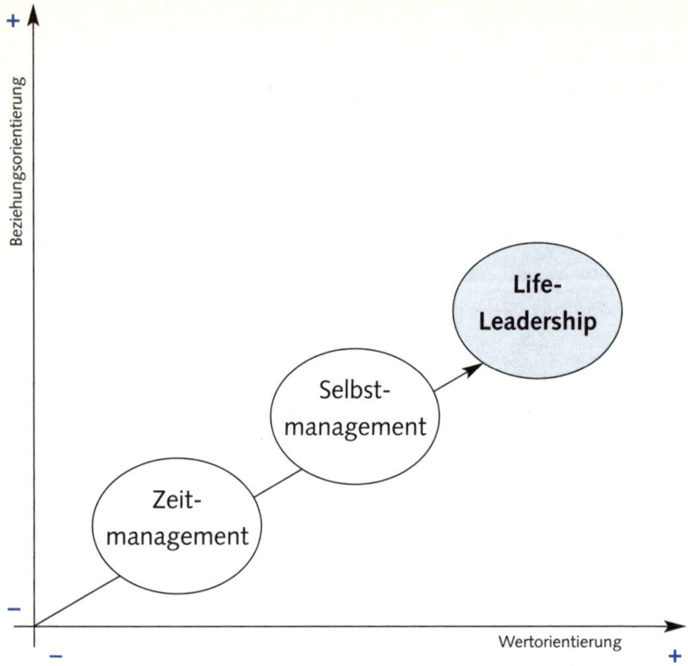

Neue Lösungsstrategien

Diese Fähigkeit brauchen wir nicht nur, weil uns die Informationsgesellschaft mit immer mehr Anforderungen konfrontiert. Hinzu kommt: Unser Lebensumfeld wandelt sich kontinuierlich. In stets kürzeren Zeitabständen werden auf uns ganz neue Anforderungen zukommen. Diese wiederum können wir mit unseren alten Handlungsmustern oft nicht mehr meistern. Wir müssen für sie *neue Lösungs- bzw. Bewältigungsstrategien* entwickeln. Sonst können wir die meist widersprüchlichen Anforderungen, die das Leben an uns stellt, nicht vereinen. Hierfür zwei Beispiele:

Beispiel 1: Manche (alleinerziehende) berufstätige Mutter spürt: Aufgrund der Projektarbeit, die in meinem Betrieb praktiziert wird, gelingt es mir immer schwerer, sowohl den Wünschen und Bedürfnissen meiner Kinder als auch den Anforderungen des Berufs gerecht zu werden. In meinem Betrieb wird von mir Flexibilität erwartet und dass ich nicht täglich Punkt 16 Uhr meinen Schreibtisch verlasse. Zugleich muss ich aber um 16 Uhr meine Kinder vom Kindergarten abholen. Was tun?

Beispiel 2: Manch junger Arbeitnehmer denkt: Gern würde ich mehr Zeit für meine Familie und meine Hobbys haben. Doch

Entweder – oder

Welche Bedürfnisse/Anforderungen können Sie in Ihrem Leben schwer vereinbaren? Ergänzen Sie die Liste mit Beispielen aus Ihrem Leben.

Bedürfnis/Anforderung I	**Bedürfnis/Anforderung II**
z. B. monatlich 200 Euro für die Altersvorsorge zurücklegen	z. B. den täglichen Lebensunterhalt finanzieren
z. B. regelmäßig ins Fitnessstudio gehen	z. B. am Arbeitsplatz die geforderte zeitliche Flexibilität zeigen
z. B. mich sozial engagieren	z. B. ausreichend Zeit mit meiner Familie verbringen

wenn ich, wie gewünscht, beruflich vorwärts kommen möchte, bleibt mir keine andere Wahl, als 60, 70 Stunden in der Woche zu arbeiten. Was tun?

Wir müssen die Anforderungen an uns genau kennen. Nur dann können wir auch entscheiden, welchen Anforderungen wir genügen möchten – und welchen nicht. Deshalb möchte ich Ihnen im folgenden Kapitel einige Entwicklungstendenzen skizzieren, die die Welt von morgen – die heute schon begonnen hat – prägen werden. Wenn wir wissen, vor welchen Veränderungen und Herausforderungen wir stehen werden, fällt es uns leichter, unser Leben pro-aktiv zu gestalten und sicherzustellen, dass die Balance zwischen den vier Lebensbereichen gewahrt bleibt.

Kapitel 2

Die Non-Stop-Gesellschaft

In unserem Alltag nehmen wir viele wichtige Veränderungen oft lange nicht wahr, denn sie vollziehen sich schleichend. Und wenn wir sie bemerken, denken wir häufig, nur uns erginge es so. Alles nehmen wir sozusagen durch unsere persönliche Brille wahr. Manchmal übersehen wir daher, dass sich nicht nur unser Leben, sondern auch unser Umfeld verändert. Nicht nur unser Alltag, sondern auch der unserer Mitmenschen ist von einer zunehmenden Rastlosigkeit geprägt. Nicht nur wir werden mit stets neuen Herausforderungen konfrontiert, sondern auch unsere Freunde, Kollegen und Verwandten.

Neue Herausforderungen

Die Veränderungen, die sich in unserem Umfeld vollziehen, müssen uns bewusst sein, wenn wir *Life-Leader* werden möchten. Aus mehreren Gründen. Zum einen befreit uns ihre Kenntnis von der falschen Vorstellung, nur wir hätten Probleme, die Herausforderungen, die sich aus den gesellschaftlichen Veränderungen ergeben, zu meistern. Zum anderen können wir, wenn wir die wirklichen wichtigen Veränderungen in unserem Umfeld kennen, leichter Handlungsstrategien entwerfen, um Leader-of-our-Life zu werden.

»Es gab einmal einen Bauern, dessen Pferd davonlief. Dabei handelte es sich um eine herrliche preisgekrönte Stute. Sofort kamen die Nachbarn, um dem Bauern ihr Mitleid über den herben Verlust auszusprechen. ›Du bist sicher sehr traurig‹, sagten sie. Doch der Bauer antwortete nur: ›Vielleicht.‹ Eine Woche später kam die Stute zurück und brachte fünf Wildpferde mit. Wieder kamen die Nachbarn – dieses Mal zur Gratulation. ›Du bist jetzt sicher sehr glücklich‹, sagten sie. Und wieder antwortete der Bauer nur: ›Vielleicht.‹ Am nächsten Tag versuchte der Sohn des Bauern, auf einem der Wildpferde zu reiten. Er wurde abgeworfen und brach sich ein Bein. ›So ein Pech‹, sagten die Nachbarn. ›Vielleicht‹, antwortete der Bauer. Drei Tage später kamen Offiziere ins Dorf, um Soldaten zu rekrutieren. Sie nahmen alle jungen Männer mit – nur den Sohn des Bauern nicht, weil er für den Kriegsdienst untauglich war.« (Opaschowski 1999, Seite 71)

Veränderte Multimedia-Gesellschaft

Diese Geschichte zeigt uns zweierlei. Zum einen: Die Zukunft kommt und ihre Wurzeln liegen in der Vergangenheit. Zum anderen: Egal ob die Gegenwart »Gutes« oder »Schlechtes« verheißt, alles kann sich ganz anders als erwartet entwickeln. Ebenso verhält es sich mit der *Informations- oder multimedialen Gesellschaft*. Niemand kann heute zuverlässig sagen, was sie uns bringt. Welche Veränderungen uns bevorstehen, darüber gehen die Meinungen der Zukunftsforscher auseinander. Einig sind sie sich darin, dass uns gewaltige Veränderungen bevorstehen. Einig sind sie sich aber auch darüber:

Unsere Lebensumstände werden sich, unter anderem wegen des Fortschritts der Informationstechnologie, in immer kürzeren Zeiträumen verändern.

Und es fällt auf: Fast alle Autoren sagen für die Entwicklung unserer Gesellschaft folgende Trends voraus:

1. Dematerialisierung
2. Dezentralisierung
3. Beschleunigung

Dematerialisierung – Wissen ist der wertvollste Rohstoff

Künftig werden nicht mehr die Länder, Konzerne und Personen am reichsten sein, die über die meisten Bodenschätze verfügen oder diese verarbeiten können. Die Fernsehserie »Dallas« würde schon heutzutage nicht mehr in Dallas, sondern im Silicon Valley spielen. Mit dem vom Ewing-Clan geförderten Öl lassen sich heute nämlich nur noch »Peanuts« verdienen. Das zeigt ein Blick auf die aktuelle Liste der reichsten Persönlichkeiten. An ihrer Spitze stehen nicht mehr Ölbarone oder Tankerkönige wie Ari Onassis, sondern die Inhaber von Software- und Internetunternehmen.

Die »wahren« Vermögen werden heute mit Wissen verdient bzw. mit der Fähigkeit, aus Wissen marktfähige Produkte und Leistungen zu entwickeln. Deshalb werden zum Beispiel die Gen-, Nano- und Informationstechnologie als die Schlüsseltechnologien der Zukunft angesehen. Zwar benötigt man auch hier zum Herstellen marktfähiger Produkte etwas Silizium und Co., doch letztlich ist in der New Economy das Know-how der wichtigste Rohstoff.

Know-how

Dezentralisierung – Die Bindung an einen Ort löst sich auf

Unternehmen – Standort – Mitarbeiter

Der Trend zur Dezentralisierung hängt eng mit der Entwicklung der Informations- und Kommunikationstechnologien zusammen. In der klassischen Fabrik des Industriezeitalters war die gesamte Wertschöpfung auf einem Gelände konzentriert. In ihrer unmittelbaren Umgebung wohnten auch die Arbeiter und Angestellten. Entsprechend groß war die Identifikation der Mitarbeiter mit ihrem Unternehmen; ebenso aber auch die Identifikation des Unternehmers mit dem (Stand-)Ort. Beide Seiten begriffen sich als Teil einer Familie.

Ähnlich stark war die Identifikation der Mitarbeiter mit ihrem Unternehmen noch, als Großrechner die Informationsverarbeitung dominierten. Auch hier bildeten Unternehmen und Ort noch eine Einheit, und die Bindung zwischen Mitarbeiter und Unternehmen hatte meist eine lebenslange Perspektive.

Aufgebrochen wurde die Verbindung Unternehmen – Ort – Mitarbeiter erst durch den Siegeszug der PCs und die Möglichkeit, die einzelnen PCs – ganz gleich, wo sie stehen – miteinander zu vernetzen. Wir können heute an einem x-beliebigen Ort sitzen, da wir über das Netz jederzeit Zugriff auf die zentral gespeicherten Informationen haben. Auch die Arbeitsabläufe können dadurch neu strukturiert werden. Heute werden zum Beispiel so genannte »virtuelle Unternehmen« gegründet, die ihre gesamte Geschäftstätigkeit über das Netz abwickeln. Zudem können die Unternehmen in eine Vielzahl kleiner, (scheinbar) relativ selbstständiger Einheiten untergliedert werden, die über das Netz miteinander verbunden sind.

Virtuelle Unternehmen

Beschleunigung – Nonstop wird zum Ideal

Das Denken »Verschenkte Zeit ist verschenktes Geld« prägt unsere Arbeitswelt. So entwickeln inzwischen nicht nur Softwareunternehmen, sondern auch klassische Industrieunternehmen wie Autohersteller ihre Produkte rund um die Uhr. Das heißt: Schalten die Entwickler in Deutschland ihre PCs aus, so arbeiten die Entwickler in den USA an den Entwürfen weiter. Gehen die IT-Spezialisten in den USA nach Hause, beugen sich ihre Kollegen in Indien über ihre Pläne, bevor schließlich wieder in Deutschland die Sonne aufgeht und die hiesigen Entwickler ihre PCs einschalten. Zu Recht betonen daher viele Wissenschaftler:

Nonstop

> Wir bewegen uns auf eine »Non-Stop-Gesellschaft« zu, in der das Nonstop das anzustrebende Ideal ist.

Dieses *Non-Stop-Denken* erfasst alle Gesellschaftsbereiche. Nicht zufällig wird in Deutschland seit Jahren über eine Flexibilisierung der Arbeitszeit diskutiert. Nicht zufällig werfen die Arbeitgeberverbände immer wieder das Stichwort »Verlängerung der Maschinenlaufzeiten« in die Diskussion. Auch die Diskussion um die Ladenschlusszeiten ist in diesem Kontext zu sehen. Die Parole lautet: Nonstop.

> Beschleunigung ist die wichtigste Grundtendenz auf dem Weg zur digitalen Gesellschaft. Sie verändert unser (Zusammen-)Leben am unmittelbarsten.

Symptome der Non-Stop-Gesellschaft

Früher …	**Heute …**
… konnten wir höchstens bis 18.30 Uhr Waren einkaufen.	… können wir Waren via Internet oder an Tankstellen rund um die Uhr erhalten
… begann das Fernsehprogramm gegen Nachmittag und endete gegen Mitternacht.	… können wir rund um die Uhr fernsehen.
… konnten wir Spielfilme nur zu bestimmten Zeiten sehen.	… können wir uns jederzeit einen Spielfilm auf Video ansehen.
… waren Tätigkeiten wie Beruf oder Sport treiben auf ein bestimmtes Lebensalter begrenzt.	… gibt es dank moderner Gesundheitsfürsorge für kaum eine Tätigkeit Altersbeschränkung.
… richtete sich die Ernährung nach dem jahreszeitlichen und regionalen Angebot.	… können wir zu nahezu jeder Jahreszeit fast jedes Nahrungsmittel der Welt erhalten.
… richtete sich der Urlaub weitgehend nach den Jahreszeiten.	… können wir im Winter Sommer- und im Sommer Winterurlaub machen.
… war unser Arbeitstag, wenn wir das Fabriktor durchschritten hatten, beendet.	… sind wir, wenn es »brennt«, via Handy oder E-Mail rund um die Uhr erreichbar.
… genügte es, nach der Ausbildung ab und zu ein Seminar zu besuchen, um beruflich fit zu bleiben.	… wird von uns erwartet, dass wir uns lebenslang – auch in unserer Freizeit – weiterbilden.

Am deutlichsten ist das für uns im Arbeitsbereich spürbar. Hier haben sich in den vergangenen Jahren die an uns gestellten Anforderungen durch das Vordringen der neuen Informations- und Kommunikationstechnologien radikal verändert. Wenn wir im Arbeitsalltag nicht die geforderte Schnelligkeit und Veränderungsbereitschaft zeigen, können wir kaum noch einen Job längerfristig behalten. Permanentes Um- und Neulernen hat sich zu einer Grundanforderung für alle Arbeitnehmer entwickelt.

Permanentes Lernen

Abwesend und anwesend zugleich

Auch die Anforderungen an unser Kommunikationsverhalten haben sich radikal verändert. Selbst wenn wir nicht an unserem Schreibtisch sitzen, können wir uns immer schwieriger dem externen Zugriff durch E-Mail, Handy und SMS entziehen.

Ständige Verfügbarkeit

Mit dem Handy sind wir überall und rund um die Uhr erreichbar. Deshalb werden wir zunehmend – privat und beruflich – mit der Anforderung konfrontiert, überall und stets ansprechbar zu sein.

Vielleicht entgegnen Sie nun: »Aber ich kann das Handy doch ausschalten.« Sicher! Doch in manchen Berufen ist dies nur schwer möglich. Beispielsweise, wenn Sie im Außendienst arbeiten. Sind Sie dann nicht ständig erreichbar oder hören Sie nicht regelmäßig Ihre Mailbox ab, werden Sie, wenn Sie zurückrufen, schnell mit der Aussage konfrontiert: »Aber ich habe doch schon vor einer Stunde eine Nachricht auf Ihrer Mailbox hinterlassen?«

Immer erreichbar sein müssen?

Dies wäre noch erträglich, wenn sich die *Erwartung*, ständig ansprechbar zu sein, auf unsere Arbeitszeit beschränken würde. Immer mehr werden wir aber auch privat mit ihr konfrontiert. Schließlich haben wir das Handy in der Tasche. Schnell ergibt sich hieraus die Anforderung, »zumindest im Notfall« erreichbar zu sein.

Dadurch geraten wir in folgende paradoxe Situation:

> Weil wir stets erreichbar sind, sind wir oft abwesend und anwesend zugleich.

Vorteile moderner Kommunikationstechnologien

Ohne Zweifel bietet das Handy viele *Vorteile* – im beruflichen und privaten Bereich. So bedeutet für manch junges Paar mit Kindern der Besitz eines Handys ein Stück *Freiheit*. Es kann nun abends weggehen und von einer Kneipe zur nächsten ziehen. Schließlich kann der Babysitter die Eltern jederzeit erreichen, wenn ihr Kind schreit. Ähnlich ist es, wenn in unserer Verwandtschaft jemand ernsthaft erkrankt ist. Auch da bedeutet das Handy ein Stück Sicherheit und Freiheit, denn wir sind über das Handy jederzeit erreichbar.

Stets erreichbar, stets ansprechbar, stets verfügbar

Dass wir jederzeit erreichbar sind, hat aber auch *Nachteile*. Da wir mit einem Handy in der Tasche zwar abwesend, aber zugleich anwesend sind, wird von uns erwartet, dass wir auch ansprechbar sind. Entsprechend groß ist für unsere Mitmenschen die Versuchung, uns anzurufen und uns, obwohl wir nicht da sind, »eben mal kurz« etwas zu fragen. Leicht können zudem Verwandte, Freunde, Kollegen oder Kunden Aufgaben an uns delegieren, obwohl wir nicht zu Hause bzw. nicht im Büro sind. Dies erhöht nicht nur die Zahl der Anforderungen, die an uns gestellt werden, sondern erschwert es uns auch, uns auf eine Sache zu konzentrieren. Deshalb meine These:

Nachteile permanenter Erreichbarkeit

> Wenn wir keine Regeln für den Umgang mit den neuen Kommunikationsmitteln entwickeln, können wir künftig immer weniger einer Person, einer Situation oder einer Aufgabe unsere volle Aufmerksamkeit schenken.

Handypausen statt Kaffeepausen

Deutlich zeigt sich diese Entwicklung bereits bei den Seminaren, die ich halte. Früher standen die Teilnehmer in den Pausen bei Kaffee und Kuchen zusammen. Heute suchen sie in jeder freien Minute ein Eckchen auf. Flugs wird die Mailbox abgehört und eben mal schnell ein Telefonat mit einem wichtigen Kunden oder einem Mitarbeiter geführt. Eine Pausenkommunikation findet nur noch selten statt.

Der (Selbst-)Anspruch, stets erreichbar und ansprechbar zu sein, führt dazu, dass wir immer mehr Tätigkeiten parallel verrichten. Dies wäre akzeptabel, wenn sich das »Anwesend-und-zugleich-abwesend-Sein« auf Routinetätigkeiten beschränken würde. Zunehmend prägt diese Haltung aber auch das menschliche Miteinander. Hiervon können wir uns an allen öffentlichen Plätzen überzeugen. Wo mehrere Personen zusammenstehen oder -sitzen, kön-

Sind Sie vom Erreichbarkeits-Syndrom infiziert?	Trifft zu	Trifft nicht zu
Ich fühle mich unwohl, wenn ich mein Handy vergessen habe.	☐	☐
In den Pausen, z. B. während eines Seminars oder Theaterbesuchs, greife ich zu meinem Handy, um zu telefonieren oder meine Mailbox abzufragen.	☐	☐
Ich werde unruhig, wenn ich nicht stündlich meine Mailbox abfrage.	☐	☐
Wenn ich einen Tag keine E-Mails erhalte, frage ich mich, ob mit meinem Mailprogramm irgendetwas nicht stimmt.	☐	☐
Ich habe mein Handy eigentlich immer an, außer bei ganz wichtigen Besprechungen.	☐	☐
Auch beim Autofahren ist mein Handy immer auf Empfang.	☐	☐
Wenn ich unterwegs bin, lasse ich mich ständig über eingegangene Anrufe, Faxe oder E-Mails informieren.	☐	☐
Auch im Urlaub bin ich für meine Firma immer erreichbar.	☐	☐
Ich gebe jedem, der es möchte, meine E-Mail-Adresse und meine Handynummer.	☐	☐
Auf meiner Visitenkarte stehen auch meine private(n) Telefonnummer(n) und meine private E-Mail-Adresse.	☐	☐

Zu Hause gehe ich immer, wenn es klingelt, ans Telefon.	☐	☐
Es kostet mich Überwindung, mein Telefon auf einen Kollegen umzustellen.	☐	☐

Addieren Sie die Zahl der Kreuze, die Sie in der Spalte »Trifft zu« gemacht haben.

Auswertung:

0-3 Kreuze	Sie haben die Ruhe weg. Aber es ist fraglich, ob Sie den zukünftigen Anforderungen noch gerecht werden können.
4-8 Kreuze	Sie wahren die rechte Balance zwischen Erreichbarkeit und Nicht-Erreichbarkeit.
9-12 Kreuze	Sie sind vom Erreichbarkeits-Syndrom infiziert und lassen sich Ihren Lebensrhythmus von außen diktieren.

nen wir sicher sein, dass nach kurzer Zeit ein Handy klingelt. Kaum ertönt das Klingeln, wendet sich der Besitzer von der Person ab, mit der er gerade redete, und schenkt seine Aufmerksamkeit dem unsichtbaren Gesprächspartner. Deshalb meine These:

> In absehbarer Zeit wird die ungeteilte Aufmerksamkeit eines Menschen eines der wertvollsten Güter sein. Entsprechendes gilt für das Privileg, uns zurückziehen und abschalten zu dürfen.

Sind Sie ein »Parallel-Arbeiter«?	Trifft zu	Trifft nicht zu
Ich schaue häufig fern, während ich esse.	☐	☐
Ich gerate nicht ins Schleudern, wenn ich mehrere Dinge parallel erledige.	☐	☐
Während des Autofahrens telefoniere ich häufig.	☐	☐
Morgens rasiere oder schminke ich mich, während ich mit dem Auto ins Büro fahre.	☐	☐
Wenn ich mit dem Auto an der Ampel stehe, lese ich die Tageszeitung oder Briefe	☐	☐
Während ich telefoniere, erledige ich Aufgaben wie in meine Mailbox schauen, Unterlagen sortieren oder kopieren.	☐	☐
Ich versuche, durch Hin-und-her-Zappen zwei Sendungen gleichzeitig zu sehen	☐	☐
Während ich jogge, höre ich Musik oder lerne Vokabeln.	☐	☐
Während ich mit den Kindern spiele, schaue ich im Fernsehen nach den Aktienkursen.	☐	☐
Wenn ich mich unterhalte, signalisiere ich oft Aufmerksamkeit, während ich über etwas anderes nachdenke.	☐	☐

Kapitel 3

Vom Arbeitnehmer zum Selbst-Unternehmer

Projektarbeit und Teilzeitarbeit

Mit den Umstrukturierungen, die in den vergangenen Jahren in Unternehmen durchgeführt wurden, stieg die Zahl der Mitarbeiter, die in *Team- bzw. Projektstrukturen* arbeiten. Das vorgegebene Ziel lautet: Wir wollen nicht mehr, sondern intelligenter arbeiten. Die Alltagserfahrung vieler Mitarbeiter ist eine andere. Wir machen die Erfahrung: Selbst wenn ich noch so »intelligent« und effizient arbeite, gelingt es mir nicht, mein Arbeitspensum zu bewältigen. Sowohl der Arbeitsdruck als auch die Arbeitsmenge sind gestiegen.

Team- und Projektarbeit

Viele von uns wissen aus eigener Erfahrung, dass Team- und Projektarbeit viel Abstimmung voraussetzen. Entsprechend häufig sitzen Team- und Projektmitglieder in Besprechungen. Wenn dieser »Besprechungszeit« nicht ausreichend Arbeitsstunden gegenüberstehen, dann rechnen sich diese Arbeitsformen für die Unternehmen nicht. Daher geht zum Beispiel mit Team- und

Teilzeit oder Vollzeit?

Projektarbeit meist der Zwang zur Vollzeitbeschäftigung einher. Unser Handlungsspielraum wird eingeschränkt, Projektarbeit und Teilzeitarbeit sind nur sehr schwer zu vereinbaren.

Wir stehen zunehmend vor der Entscheidung: Entweder ich praktiziere Teilzeitarbeit, oder ich mache Karriere. Dann muss ich Vollzeit arbeiten und die nötige Flexibilität zeigen.

Beispiel: Eine meiner Bekannten arbeitete in einer Werbeagentur als Art-Direktorin. Dann bekam sie ein Kind und nahm 15 Monate Erziehungsurlaub. Anschließend stieg sie wieder in ihren Job ein. Schon nach drei Monaten musste sie sich eingestehen: Es geht nicht. Da die Arbeit in der Agentur weitgehend Projektarbeit ist, sind mit ihr oft Überstunden verbunden, die zudem nur schwer planbar sind. Sie musste jedoch täglich um 17 Uhr nach Hause, um ihr Kind bei der Tagesmutter abzuholen. Viele Arbeiten, für die sie im Team mitverantwortlich war, mussten folglich ihre Kollegen übernehmen. Nach wenigen Wochen merkte sie, wie ihre Kollegen zunehmend gereizter auf sie reagierten. Sie sahen nicht mehr ein, warum sie häufig bis in die Abendstunden arbeiten sollten, während ihre Kollegin nach Hause ging. Da mittelfristig keine Änderung absehbar war, entschied meine Bekannte: Ich gebe die Stelle auf. Heute arbeitet sie als freie PR-Beraterin an weniger Projekten, dafür aber zufriedener, weil sie den Balance-Akt zwischen Kind und Beruf besser bewältigt.

Angesichts der Veränderungen in der Arbeitswelt werden wir daher immer öfter gezwungen sein zu entscheiden: Was ist mir wirklich wichtig? Eine Topkarriere? Viel Zeit für meine Familie und meine Hobbys? Meinen Freundeskreis pflegen oder beruflich weiterkommen? Immer schwieriger werden sich diese Dinge aufgrund der Flexibilität und Mobilität, die von uns am Arbeitsplatz erwartet wird, vereinbaren lassen. Voraussagen lässt sich folgende Entwicklung:

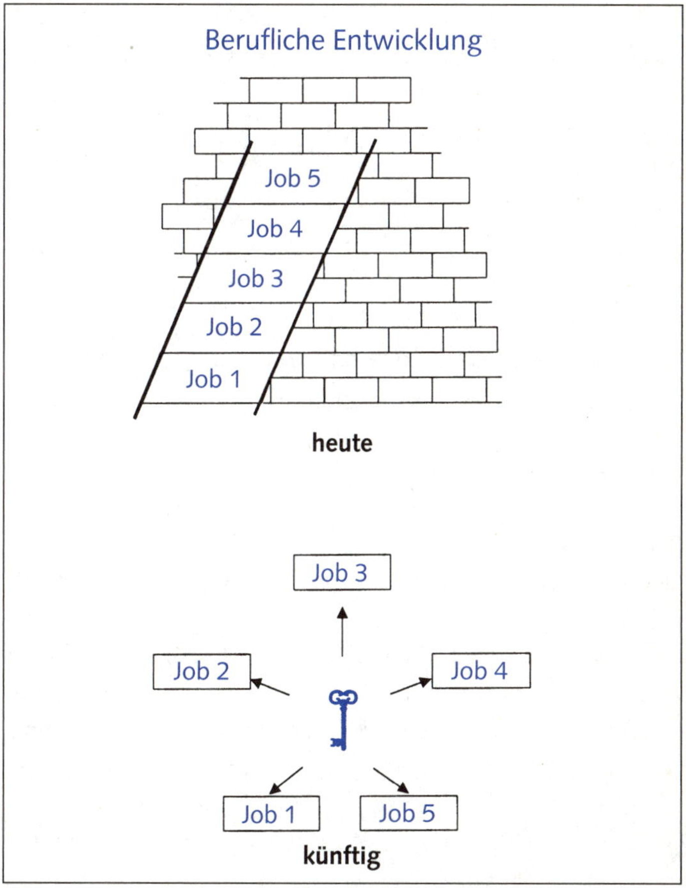

Flexibilität wird zukünftig entscheidend für jede Karriere sein. Dabei haben höher Qualifizierte die besseren Chancen. Sie können in bestimmten Lebensphasen optimaler die Art ihrer Tätigkeit, aber auch den dafür notwendigen Zeitaufwand bestimmen.

Statt zu versuchen, die Karriereleiter stets weiter emporzusteigen, müssen wir versuchen, dank unserer Qualifikationen »Zugang zu möglichst vielen Abteilungen zu erhalten« (Ernst u. a. 2000, Seite 87).

Künftig wird nicht mehr die Leiter, sondern der Schlüssel das Symbol für den beruflichen Erfolg sein.

Die klassischen Berufs- und Lebensphasen lösen sich auf

Heute zeichnet sich bereits ab, dass sich die klassischen Phasen der beruflichen Biografie auflösen werden. Sie stellten sich zum Beispiel bei Akademikern bisher – grob skizziert – wie folgt dar: Das dritte Lebensjahrzehnt war weitgehend durch die berufliche Qualifizierung und den Berufseinstieg geprägt. Das vierte Jahrzehnt war die Phase der beruflichen Reife. Im fünften Jahrzehnt stand die Schaffenskraft der Arbeitnehmer in voller Blüte, und sie strebten dem Zenit ihrer Karriere entgegen. Mit dem fünfzigsten Lebensjahr war dieser meist erreicht. Er wurde dann noch einige Jahre gehalten, bis sich der Ruhestand am Horizont abzeichnete.

Wahrscheinlicher Karriereverlauf heute und künftig

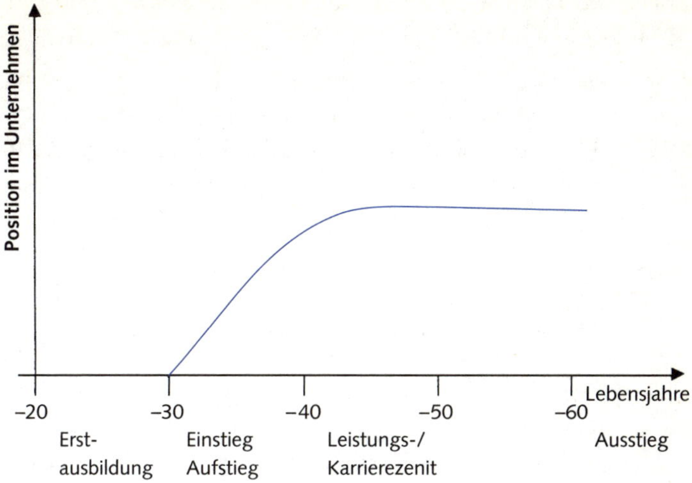

heute

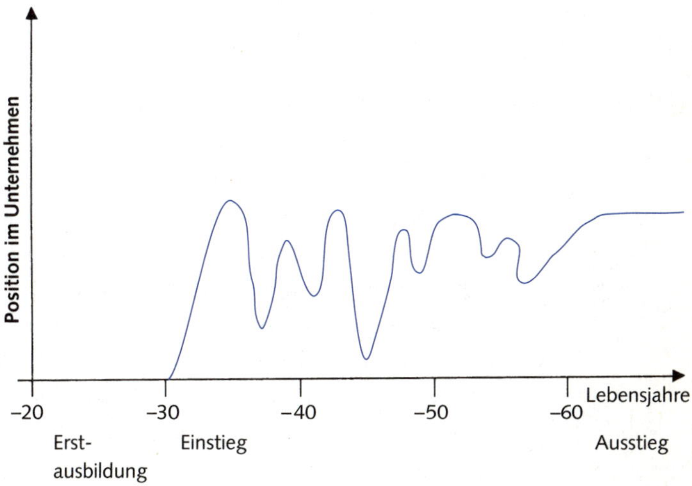

künftig

Sich neu orientieren

Diese Phasen wird es bald nicht mehr geben. Unsere gesamte Biografie wird von einem *permanenten Neu-Lernen*, Sich-neu-Orientieren und Sich-neu-Einrichten geprägt sein – sowohl in beruflicher als auch in privater Hinsicht. Nicht nur, weil sich die Inhalte unserer Arbeit ändern, sondern auch, weil dank wissenschaftlicher Errungenschaften wir uns bis ins hohe Alter bester Gesundheit und Schaffenskraft erfreuen können. Sowohl jeder Einzelne als auch die Unternehmen werden sich also zukünftig permanent umorientieren.

Die modernen Unternehmen erwarten von ihren Mitarbeitern, dass sie »Selbst-Unternehmer« werden. Sie sollen mehr Flexibilität, Risikobereitschaft und Eigenverantwortung – auch für ihre Weiterbildung – zeigen. Sie sollen sich wie Unternehmer selbst managen, um für den Arbeitsmarkt attraktiv zu bleiben.

Mut zum Selbst-Unternehmertum

Dieser Anforderung, *Selbst-Unternehmer* zu sein, müssen wir uns stellen. Sonst ist unsere Arbeitskraft schnell nicht mehr gefragt. Dabei bedeutet Selbst-Unternehmer zu sein nicht nur, dafür Sorge zu tragen, dass wir fachlich up to date sind und unseren Lebensbereich »Arbeit/Leistung« aktiv gestalten. Selbst-Unternehmer umfasst vielmehr alle Lebensbereiche. So wird es künftig, wie heute bereits bei Selbstständigen, weitgehend unsere Aufgabe sein, dafür zu sorgen, dass

Faktoren, welche die Leistungskraft beeinträchtigen

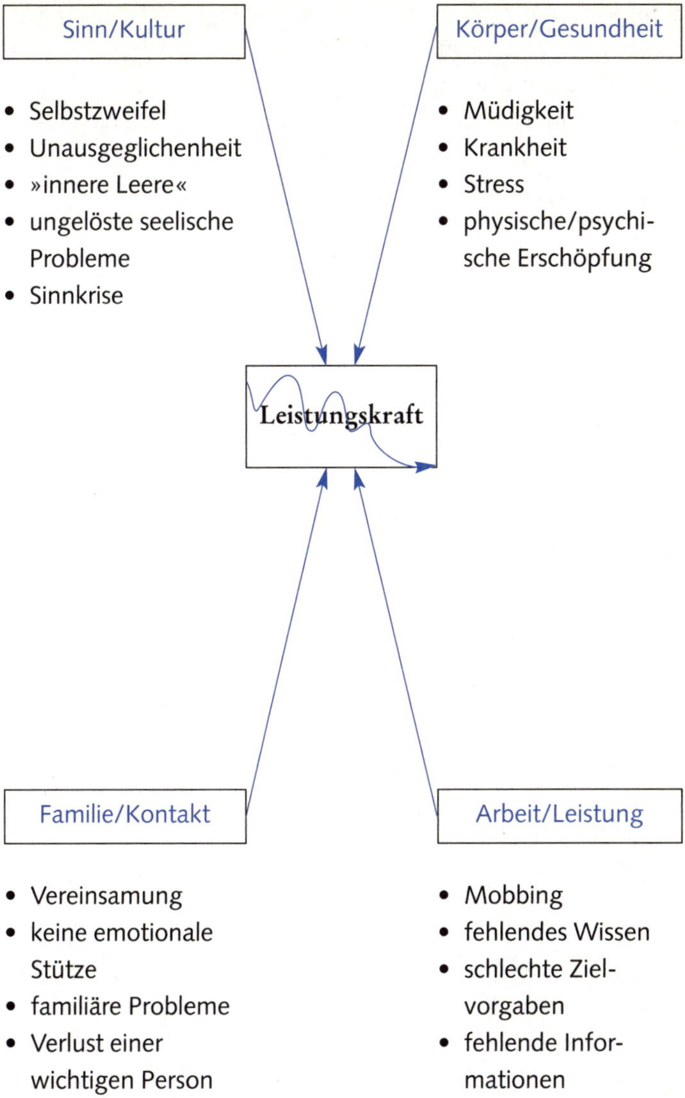

- wir fit und gesund sind und unsere Leistungskraft gewahrt bleibt,
- unser Familien-/Privatleben so geordnet ist, dass unsere Flexibilität und Mobilität gewahrt bleibt und es nicht unsere Arbeitskraft beeinträchtigt, und
- uns nicht eine Sinnkrise packt, die unsere Leistungskraft mindert.

Kapitel 4

Vom Lebens-Konsumenten zum Lebens-Unternehmer

In der flexiblen Gesellschaft brechen zunehmend die Stützpfeiler weg, die uns in der Vergangenheit Sicherheit gaben und unserer Persönlichkeit Stabilität verliehen. Ein Pfeiler war unser Beruf bzw. unsere Identifikation mit unserem Beruf. Ein weiterer Pfeiler war die langfristige Bindung an ein Unternehmen. Beide werden immer brüchiger.

Aber auch unsere sozialen Beziehungen geben uns immer weniger Halt, um Brüche in unserer (beruflichen) Biografie oder persönliche Krisen zu bewältigen. Die *Großfamilie* ist schon lange ein Relikt der Vergangenheit. Aber auch die *Kleinfamilie* steht zunehmend auf dem Prüfstand. Nicht nur, weil immer mehr Ehen bzw. Lebenspartnerschaften scheitern, sondern auch, weil die Zahl der (Ehe-)Paare ohne Kinder seit Jahren steigt. Inzwischen wächst jedes dritte Kind unter 18 Jahren als Einzelkind auf.

Problemfeld Familie

Deshalb schreibt zum Beispiel das *manager magazin*: »Unter den gegenwärtigen gesellschaftlichen und ökonomischen Bedingungen ist die Familie somit eine bedrohte Art. Kaum ein Projekt ist heute so schwierig wie das Unterhalten und Managen einer Familie. Das Problem betrifft jede Form des Zusammenlebens mehrerer, auch biologisch verbundener Generationen.« (*manager magazin* 10/2000, Seite 246 ff.) Und, so das Wirtschaftsmagazin weiter: »In der New Economy wird alles noch sehr viel dramatischer. Da ist zum einen die Arbeit in den Start-Ups der IT-Branche, in den Internet-Bienenkörben und im E-Business, den ›Keimzellen‹ des neuen Wirtschaftens. Dort gilt: Wer nicht 50, 60, 70 Stunden pro Woche mitschuftet, der verrät das große Ziel, an dem die Zukunft des gesamten Unternehmens hängt. Der verrät auch die Kollegen. Gedanken an Fortpflanzung und Familiengründung kommen in einer solchen Atmosphäre erst gar nicht auf.«

New Economy

Ähnlich verhält es sich in den Unternehmen der so genannten Old Economy. Sie gleichen ihre Arbeitsstrukturen den Projektstrukturen der »Newcomer« an. Lakonisch stellt das *manager magazin* fest: »Kinderbetreuung, Erziehung und andere Familienaktivitäten passen nicht zum Konzept der Projektarbeit. Man kann seine Leistungspensen noch so genau unterteilen in ›Intensiv-Phasen‹ und Auszeit – eine Windpocken-Epidemie im Kindergarten oder ein wegen Liebeskummer von zu Hause ausgebüchster Teenager machen schlagartig alle Planungen zunichte.« (*manager magazin* 10/2000, Seite 250)

Old Economy

Mögen diese Aussagen auch journalistisch zugespitzt sein, so spiegeln sie doch eine Grundtendenz wider:

Unsere sozialen Beziehungssysteme werden stets kleiner und brüchiger. Aus Familien werden Beziehungskisten, aus Lebenspartnern Lebensabschnittspartner.

Nicht nur unsere Familien oder Partnerschaften unterliegen im »flexiblen Kapitalismus« einer Belastungsprobe. Wenn unser Beruf uns zwingt, heute in Dresden, in zwei Jahren in München und in fünf Jahren in New York zu arbeiten, sind auch unsere freundschaftlichen Beziehungen Beziehungen auf Zeit. Zumindest fehlt ihnen der gemeinsame Alltag, der uns mit unseren Freunden verknüpft. Ein Chat im Internet kann das abendliche Gespräch beim Bier und das gemeinsame Joggen auf Dauer nicht ersetzen.

Steigende Mobilität

Auch unsere *Paarbeziehungen* werden auf eine harte Bewährungsprobe gestellt. Zumal heute viele Frauen – zu Recht – fordern, dass auch sie sich beruflich verwirklichen können und nicht in die finanzielle Abhängigkeit eines Mannes geraten. Folglich werden wir uns künftig sehr viel häufiger die Frage stelle müssen: Bin ich bereit, für meine Beziehung einen Ortswechsel zu vollziehen (oder nicht zu vollziehen) und damit auf einen Karriereschritt und (ein Stück) berufliche Selbstverwirklichung zu verzichten? Dabei beißt sich die Katze aber sprichwörtlich in den Schwanz.

Paarbeziehungen werden schwieriger

Je geringer unsere Bereitschaft zu Zugeständnissen ist, umso zerbrechlicher werden unsere (Paar-)Beziehungen. Je zerbrechlicher aber unsere Beziehungen sind, umso geringer ist unsere Bereitschaft zu Kompromissen.

Es wird für viele (Paare) schwierig sein, aus diesem Teufelskreis einen Ausweg zu finden. Denn Kompromisse sind in Alles-oder-nichts-Gesellschaften verpönt. Zu Recht prognostiziert Opaschowski: »Lebenslange Beziehungen und echte Freundschaften werden in Zukunft immer seltener. Weil eine Beziehung auf Dauer fast zur Lebenskunst wird.« (Opaschowski 1999, Seite 147)

Beziehungen als Lebenskunst

Doch werden unsere Partnerschaften und Freundschaften auf Zeit uns in Krisensituationen ebenso tragen und stützen können wie über Jahrzehnte gereifte Freundschaften und Lebenspartnerschaften? Oder werden sie schnell beendet sein, wenn das Kosten-Nutzen-Verhältnis nicht mehr stimmt, weil ein Partner in der Krise steckt?

Wenn alle Stützpfeiler brüchig werden, können wir den nötigen Halt nur in uns selbst finden.

Dabei heißt »in uns selbst« nicht, dass wir uns in unser inneres Schneckenhaus zurückziehen. Vielmehr bedeutet es, dass wir rechtzeitig in uns hineinhorchen und uns fragen: *Was ist mir wirklich wichtig?* Auf keinen Fall bedeutet »in uns«, dass wir in Egoismus bzw. Ego-Zentrismus verfallen. Im Gegenteil. Beim Beantworten der Frage »Was ist uns wichtig?« sollten wir vielmehr stets vor Augen haben, dass wir ein erfülltes Leben nur in Gemeinschaft führen können. Wir müssen uns bewusst sein, dass wir unser Lebensziel nur in Kooperation mit anderen erreichen können. Eine entsprechend große Bedeutung sollten wir daher beim Beantworten der Frage »*Was ist mir wichtig?*« dem Lebensbereich »Familie/Kontakt« beimessen. Wenn wir uns darüber klar werden, worauf wir bereit sind zu verzichten, können wir diesen Bereich erfolgreich gestalten. Erst wenn uns das bewusst ist, können wir gezielt darauf hinarbeiten, soziale Beziehungen aufzubauen, die uns auch in Krisensituationen tragen.

Kraft schöpfen durch innere Stabilität

Burn-out und der Wunsch, aus dem Karussell auszusteigen

Menschen, die sich überlastet fühlen, werden zunehmend von Selbstzweifeln überfallen und interpretieren ihr *Überfordertsein* (ausschließlich) als individuelles Problem. Auf den ersten Blick ist oft nicht erkennbar, was sie mit anderen »Gescheiterten« verbindet. Eine Hausfrau kann sich mit den Problemen einer anderen Hausfrau noch identifizieren. Doch was haben ein arbeitsloser Jugendlicher und ein Topmanager, der mit 52 »aussortiert« wurde, gemeinsam? Recht wenig, obwohl beide arbeitslos sind.

Ob Projektmanager oder Mutter …

Oder: Was hat ein *Projektmanager*, der wegen seiner engen Terminvorgaben Probleme hat, die gesteckten Projektziele zu erreichen, mit einer ungelernten Arbeitskraft gemeinsam, die zwischen mehreren Teilzeitjobs hin- und her hastet, um ihren Lebensunterhalt zu verdienen? Oder ein Verkaufsleiter, der darum kämpft, die Quartalszahlen zu erreichen, mit einer alleinerziehenden *Mutter*, die stets ein schlechtes Gewissen plagt, weil sie nicht zugleich den Bedürfnissen ihrer Kinder und den Anforderungen ihres Berufs gerecht werden kann? Auf den ersten Blick scheinbar nichts.

Zeitprobleme und innere Balance

Und doch haben sie vieles gemeinsam: Sie alle haben *Zeitprobleme* und kämpfen damit, den an sie gestellten Anforderungen gerecht zu werden. Sie alle sind an einem Punkt angelangt, an dem sie leicht ihre *innere Balance verlieren* können. Sie alle befinden sich in einer Situation, in der der Stress, der aus der Überforderung und Anspannung resultiert,

- ihre Lust am Leben mindert,
- ihre körperliche (und seelische) Gesundheit gefährdet und
- ihre Leistungskraft schmälert,

sofern er zum Dauerzustand wird. Dieses *Überfordertsein* ist kein individuelles Problem. Das zeigt unter anderem die öffentliche Diskussion über das Thema Burn-out in den zurückliegenden Jahren. Das Phänomen *Burn-out* lässt sich auf drei Sätze reduzieren:

Burn-out-Syndrom

- Ich bin oder ich sehe mich mit Anforderungen konfrontiert, die meine Fähigkeiten bzw. meine *Kräfte übersteigen*.
- Beim Versuch, diesen Anforderungen gerecht zu werden, habe ich bereits so *viel Energie* verbraucht, dass ich diese Anforderungen nicht mehr bewältigen kann.
- Ich bin in einem *Erschöpfungszustand* angelangt und kann mein Leben zurzeit nicht mehr genießen.

Sätze wie diese zeigen: Die gestellten Anforderungen sind keine einmaligen, singulären. Eine Person, die sich beim Joggen überfordert hat, wird am nächsten Morgen zwar über Muskelkater, aber nicht über ein Burn-out-Syndrom klagen. Ähnlich ist es bei einem Arbeitnehmer, der ab und zu bis spät nachts arbeiten muss. Er wird am nächsten Morgen eventuell über Müdigkeit, aber nicht über ein Burn-out-Syndrom klagen. Das heißt:

Anforderungen und Überforderungen

> Die Anforderungen, die ein Burn-out bewirken, sind solche, die unser Leben permanent begleiten. Folglich kann dieser »Erschöpfungszustand« auch nur durch eine Änderung unserer Lebenssituation gelöst werden bzw. dadurch, dass wir den Anforderungen anders begegnen.

Ein Indiz für ein Überfordertsein ist auch der von beruflich stark engagierten Personen immer häufiger geäußerte Wunsch, mit 50 Jahren aus dem Berufsleben auszusteigen. Nicht zufällig boomen Buchtitel, die ihren Lesern versprechen, dass sie mit 50 Jahren finanziell ausgesorgt haben. Doch welche Botschaft steckt hinter der Aussage: Ich will mit 50 aussteigen? Sie zeigt, dass die eigene Arbeit nicht mehr als Herausforderung, sondern als *Überforderung* erfahren wird. Sie wird auch nicht mehr als sinnhaft erfahren. Deshalb wird sie zur Last und Qual. Sie wird nicht mehr als Aufgabe gesehen, deren Erfüllung Lust und Befriedigung bereitet.

Aussteigertendenzen

Auch der Wunsch, mit 50 auszusteigen, ist folglich ein Indiz dafür, dass die *Balance im Leben* fehlt. Dabei fällt auf:

> Männer und Frauen werden vom Burn-out-Syndrom und von dem Wunsch auszusteigen gleichermaßen gepackt. Hier gibt es keine geschlechtsspezifischen Unterschiede. Selbst die Midlife-Crisis – früher ein klassisches Männerphänomen – packt heute auch Frauen.

Seit für *Frauen* nicht mehr Heirat und Kinderkriegen die einzige *Lebensperspektive* ist, ist ihr Leben selbstbestimmter und noch komplexer geworden. Dies gilt insbesondere für die Zeit zwischen dem dreißigsten und vierzigsten Lebensjahr, in der sich meist das berufliche Fortkommen entscheidet. In dieser Lebensphase stellt sich Frauen viel schärfer als Männern die Frage nach dem Kinderwunsch. Vor allem, wenn ab dem 35. Lebensjahr die biologische Uhr in ihnen tickt, geraten viele Frauen in einen Interessenkonflikt, da sich zwar meistens Familie und

Lebensentscheidungen von Frauen

Beruf, aber oft nur schwer Familie und Karriere vereinbaren lassen.

Dabei trifft frau, ganz gleich wie sie sich entscheidet, oft die »falsche« Entscheidung. Entscheidet sie sich *für* das Kinderkriegen, so besteht die Möglichkeit, dass sie einige Jahre später wegen des Verzichts auf mögliche Karriereschritte eine Sinnkrise packt. Entscheidet sie sich *gegen* eigene Kinder, kommt für manche ebenfalls in den Vierzigern die Midlife-Crisis, weil auch diese Entscheidung nicht revidierbar ist. Eine klassische Zwickmühle. Deshalb sollten sich gerade Frauen zwischen dem dreißigsten und vierzigsten Lebensjahr intensiv mit der Frage befassen: *Was will ich? Was ist mir wirklich wichtig?*

Einfache Antworten gibt es nicht

Dass unser Leben komplizierter geworden ist, beweist auch der Boom von Ratgeberbücher und -sendungen. Nahezu unersättlich scheint unser Bedarf an Ratschlägen zu sein, die uns helfen, unser Leben zu meistern.

Das eigene Leben meistern

Dabei erwarten wir von den Ratgebern meist einfache, leicht verdauliche Antworten. Schließlich ist unser Leben schon schwer genug. Die Antworten sollten so leicht konsumierbar sein wie ein Hamburger. Keinesfalls möchten wir hören: »… unter der Voraussetzung, dass Sie …, könnten Sie vielleicht …, sofern …« Wir wollen eine klare Richtschnur haben: »Als Erstes musst du … Danach musst du …«

Dabei wird leider oft übersehen:

Unser Leben ist kein Tellergericht. Es genügt nicht, dass wir etwas Salz und etwas Pfeffer und vielleicht noch etwas Estragon in einen Topf werfen, und schon hat das Essen »Leben« die richtige Würze.

Selbstverantwortung übernehmen

Anders formuliert: Es gibt kein Kochrezept für unser Leben, das wir nur nachkochen müssen, um ein erfülltes Leben zu führen. Wir selbst müssen die für uns richtige *Dosierung* zwischen den vier Lebensbereichen »Arbeit/Leistung«, »Sinn/Kultur« »Köper/Gesundheit« und »Familie/Kontakt« finden. Schließlich geht es um unser Leben, und dieses ist trotz der gesellschaftlichen Veränderungen, mit denen wir alle konfrontiert sind, einzigartig.

Kapitel 5

Bewährte Hilfsmittel: Zeit- und Selbstmanagement

Zeit ist Geld?

Wissen Sie, von wem der Satz »Zeit ist Geld« stammt? Von Benjamin Franklin! Der berühmte US-amerikanische Forscher, Politiker und Gründer der Universität von Pennsylvania formulierte ihn 1736 in seinem Buch *Necessary hints for those that would be rich* (»Notwendige/nützliche Tipps für solche, die reich werden möchten«). Ein Titel, der auch heute noch auf dem Cover eines Geld-Ratgebers stehen könnte. Ein Buch, das zudem zahlreiche Tipps enthält, die noch heute (wenn auch mit anderen Worten) in den Finanz-Bestsellern stehen.

Franklins Philosophie lautet: Zeit ist Geld. Also nutze deine Zeit, dann wirst du reich. Es dauerte nicht lange, und diese Maxime hielt Einzug in die Unternehmen. Im Zuge der Industrialisierung wurde für den Produktionsbereich das Zeitmessen eingeführt, von dem die Angestellten in den Unternehmen zunächst verschont blieben.

Für den Angestelltenbereich entwickelte Peter Drucker in den fünfziger Jahren des 20. Jahrhunderts das Managementsystem *Management by Objectives* (»Führen über Ziele«), bei dem es dem einzelnen Mitarbeiter überlassen bleibt, wie er seine

Arbeitszeit einteilt, um die angegebenen oder vereinbarten Ziele zu erreichen.

Lange Zeit funktionierte dieses Managementsystem. Ungefähr Mitte der achtziger Jahre zeichnete sich innerhalb der Unternehmen aber immer deutlicher ab: In der vorgegebenen Zeit die gesteckten Ziele zu erreichen, wurde für die Mitarbeiter aufgrund der steigenden Arbeitsmenge immer schwieriger. Also suchten sie ein Instrument, um ihnen Hilfestellung zu bieten. Sie fanden es im *Zeitmanagement*. In Seminaren bekamen ihre Mitarbeiter fortan Regeln vermittelt, wie sie ihre Zeit effektiver nutzen können. Diese lauteten zum Beispiel:

Zeitmanagement als Hilfestellung

- Definiere zunächst Ziele für deine Arbeit und leite hieraus die nötigen Aufgaben ab.
- Leite daraus dann wiederum Teilaufgaben ab, die du in einem Monat, in einer Woche oder an einem Tag erledigen kannst.
- Erstelle jeweils abends, bevor du nach Hause gehst, einen Aufgabenplan für den nächsten Tag.
- Fasse gleichartige Tätigkeiten wie Briefe schreiben, Telefonate führen usw. zusammen und erledige sie en bloc.

Aus Zeitmanagern werden Selbstmanager

Entwicklung zum Selbstmanagement

Schnell zeigte sich in der Folgezeit aber, dass diese Art, die eigene Arbeit zu planen und zu strukturieren, nicht ausreichte. Weiterhin klagten die Betroffenen: Ich schaffe mein Arbeitspensum trotzdem nicht. Jeden Abend liegen auf meinem Schreibtisch noch unerle-

digte Aufgaben, weshalb ich länger im Büro bleiben muss. Immer weniger Zeit bleibt mir für meine Familie und meine Freunde oder um mich zu erholen. Deshalb wurde das Zeitmanagement zum *Selbstmanagement* ausgebaut.

Das Selbstmanagement unterscheidet sich vom klassischen Zeitmanagement dadurch, dass sich der Einzelne nicht nur fragt: Welche Aufgaben muss ich bei meiner Arbeit erledigen? Sondern auch: Was ist mir privat wichtig, und welche Aufgaben muss bzw. will ich in meiner Freizeit erledigen?

Hat er diese Frage beantwortet, trägt er in seinen Zeitplaner außer »Besprechung mit dem Chef« auch »Elternabend« oder »Rückengymnastik« ein.

Wichtige oder dringliche Aufgaben

Mehr Gewicht legt das Selbstmanagement auch auf das Analysieren der Aufgaben. Untersucht wird unter anderem, ob es sich bei ihnen um »wichtige« und/oder »dringliche« Aufgaben handelt. Hinter *dringlichen* Aufgaben stehen ein Termin oder eine unmittelbare Notwendigkeit; die Aussage *wichtig* hingegen bezieht sich auf den Inhalt der Aufgabe.

Dringliche Aufgaben

Dringliche Aufgaben sind im beruflichen Bereich die gesamte Korrespondenz, die »unbedingt heute raus muss«, weil es dem Kunden versprochen wurde. Im häuslichen Bereich zählt dazu zum Beispiel das Erledigen der Einkäufe, wenn zu Hause keine Lebensmittel mehr sind, aber die Kinder auf das Essen warten. Oder das Überweisen der Miete am Monatsende, ebenfalls eine dringliche Aufgabe.

Wichtig – dringlich

Notieren Sie bitte, welche Ihrer beruflichen und privaten Aufgaben Sie als »wichtig« bzw. »dringlich« erachten.

Wichtige Aufgaben

Beruflich

Beispiel: neue Mitarbeiter/Kollegen einarbeiten

Privat

Beispiel: Altersvorsorge planen

Dringliche Aufgaben

Beruflich

Beispiel: von Kunden gewünschtes Angebot verschicken

Privat

Beispiel: fehlende Lebensmittel einkaufen

Eine *wichtige Aufgabe* im beruflichen Bereich hingegen ist zum Beispiel das Einarbeiten eines neuen Mitarbeiters. Ansonsten sitzt der Neue nämlich nur herum und kostet Geld, bringt aber keinen Nutzen. Eine weitere wichtige Aufgabe ist das Einführen einer neuen Software im Unternehmen, mit der die Arbeit schneller und effektiver erledigt werden kann. Im privaten Bereich gehört es zu den wichtigen Aufgaben, sich ausreichend Zeit für Gespräche mit den Kindern und dem Lebenspartner zu nehmen. Auch das regelmäßige Wahrnehmen ärztlicher Vorsorgetermine, um mögliche Krankheiten frühzeitig zu erkennen, ist wichtig.

Wichtige Aufgaben

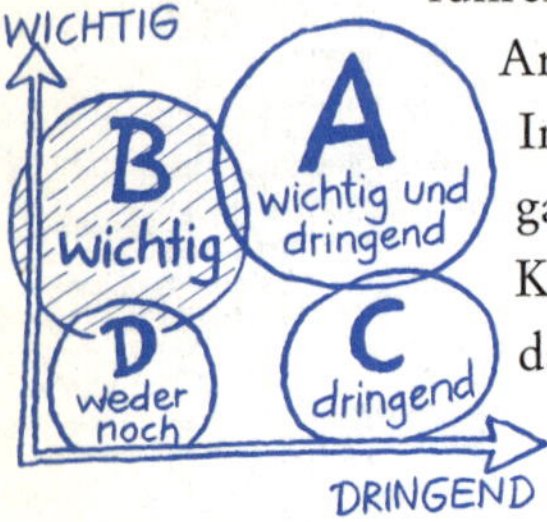

Anhand der Unterscheidung zwischen »wichtig« und »dringlich« werden im Zeit- und Selbstmanagement *vier Aufgaben-Typen* definiert.

A-Aufgaben: Diese Aufgaben sind wichtig und dringlich. Sie müssen sofort von Ihnen selbst erledigt werden.

Beispiel:

- *Kinder trösten, wenn sie hingefallen sind.*
- *Verlängerung des Reisepasses beantragen, wenn eine Auslandsreise ansteht und der Pass abgelaufen ist.*
- *Den Kunden, mit dem Sie den meisten Umsatz machen, zurückrufen, wenn er sich beschwert hat.*

B-Aufgaben: Diese Aufgaben sind wichtig, aber weniger dringlich, können also warten. Je nach Grad der Wichtigkeit können Sie diese Aufgaben auch an andere Personen delegieren.

Beispiel:

- *Steuererklärung machen, wenn noch einige Zeit bis zum letztmöglichen Abgabetermin ist.*

- *Handwerker bestellen, wenn der Wasserhahn in der Küche tropft.*
- *Den neuen Mitarbeiter/Kollegen einarbeiten.*

C-Aufgaben: Diese Aufgaben sind weniger wichtig, aber dringlich. Sie sollten nach Möglichkeit delegiert werden (im Beruf: zum Beispiel an Mitarbeiter oder Kollegen, an eine Fachabteilung, an einen externen Dienstleister; privat: zum Beispiel an den Lebenspartner, an die Putzfrau oder einen anderen Dienstleister).

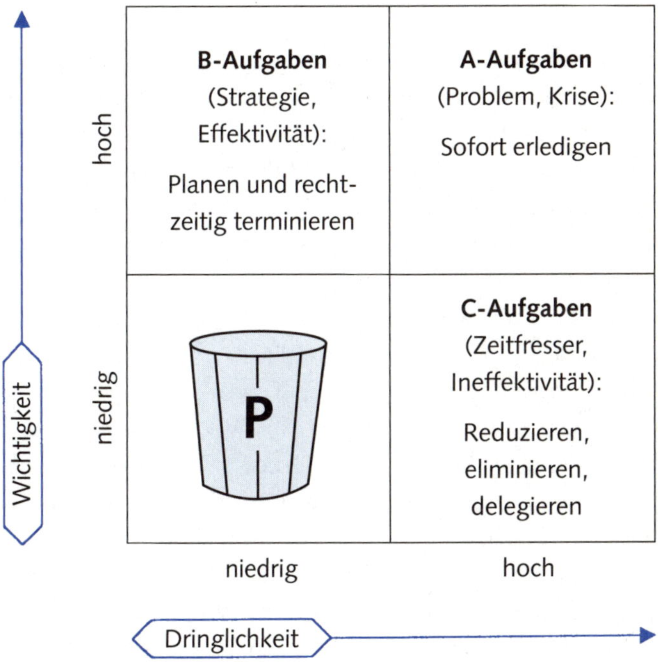

Beispiel:

- *Ausgefülltes Überweisungsformular bei der Bank einwerfen.*
- *Zimmerpflanzen gießen, wenn sie am Verdursten sind.*
- *Für einen relativ unwichtigen Kunden das versprochene Angebot erstellen.*

D-Aufgaben: Sie sind weder wichtig noch dringlich und können getrost der Ablage »P«, dem Papierkorb, überantwortet werden.

Beispiel:

- *Werbebriefe öffnen und lesen, die im Briefkasten liegen oder auf Ihrem Schreibtisch landen.*
- *Unterwäsche oder Geschirrhandtücher bügeln.*

Kriterien für Prioritäten

Regte sich bei Ihnen beim Lesen obiger Beispiele für dringliche und wichtige Aufgaben vielleicht zum Teil Widerspruch? So zum Beispiel beim Einordnen der Aufgabe »Unterwäsche oder Geschirrhandtücher bügeln« als D-Aufgabe, die in den »Papierkorb« geworfen werden kann, also nicht erledigt werden muss? Vielleicht ist es Ihnen ja wichtig, dass Ihre Unterwäsche gebügelt ist und die Geschirrhandtücher fein säuberlich auf einem Stapel liegen. Dann ordnen Sie diese Aufgabe in eine andere Kategorie ein. Ähnlich ist es, wenn in der Küche der Wasserhahn tropft. Vielleicht geht Ihnen das so auf die Nerven oder vielleicht sind Sie grundsätzlich gegen jede Art von Wasserverschwendung, dass Sie das Bestellen des Handwerkers nicht als eine B-Aufgabe (weniger dringlich, aber wichtig), sondern als A-Aufgabe (wichtig und dringlich) einstufen. Das zeigt: Welche Bedeutung wir einzelnen Aufgaben beimessen, hängt mit unserem persönlichen *Wertesystem* zusammen (siehe auch Seite 121 ff.).

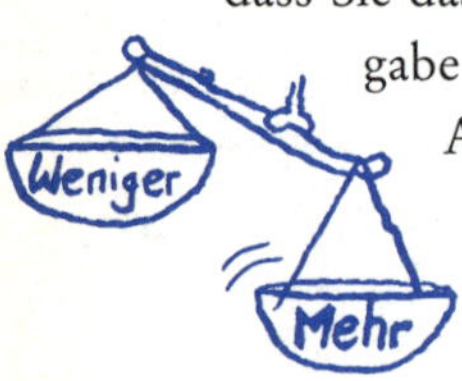

Wirklich wichtig – wirklich dringlich?

Analysieren Sie die Aufgaben, die Sie in der Wichtig-dringlich-Liste auf Seite 61 notiert haben, und ordnen Sie diese den vier verschiedenen Aufgabentypen zu.

A-Aufgaben	
	⇨ Sofort erledigen
B-Aufgaben	
	⇨ Planen und rechtzeitig terminieren
C-Aufgaben	
	⇨ Reduzieren, eliminieren, delegieren
D-Aufgaben	
	⇨ Ab in den Papierkorb

Heute nicht dringlich, morgen dringlich

Welche nicht dringlichen Aufgaben schieben Sie gern so lange auf die lange Bank, bis sie dringlich sind? Lassen sich diese Aufgaben bestimmten Aufgabentypen zuordnen? Zum Beispiel administrative Aufgaben wie Briefe schreiben, Routinetätigkeiten wie Bügeln, oder Geldangelegenheiten wie Rechnungen überweisen. Überlegen Sie, ob und an wen Sie diese »ungeliebten Aufgaben«, die in Ihrem Alltag immer wieder Stress erzeugen, delegieren können. Falls nicht delegierbar, dann als »Muss« erledigen, solange Sie noch nicht »anbrennen« – eine Selbstmanagement-Technik, die Ihnen das Gefühl vermittelt, sich von einer Last zu befreien und offen für wirklich Spannendes zu sein.

Aufgaben	Aufgabentyp	Delegieren an …

Das Einordnen der Aufgaben wird auch dadurch erschwert, dass sich ihr Charakter oft wandelt. So erscheint uns zum Beispiel das Reparieren eines tropfenden Wasserhahns noch als wenig dringlich, wenn nur alle drei, vier Minuten ein Tropfen entweicht. Ergießt sich das Wasser aber, weil wir das Bestellen des Handwerkers lange hinausgeschoben haben, in Sturzbächen aus der Leitung, obwohl wir den Hahn zugedreht haben, so wird aus der wenig dringlichen Aufgabe plötzlich eine dringliche Aufgabe.

Dringlichkeit oft selbst verursacht

Häufig produzieren wir die Dringlichkeit der Aufgaben und somit die Hetze in unserem Alltag selbst.

Denn die *Zeit lässt sich nicht managen.* Wir können nur *uns selbst managen.* Wir können nur die uns zur Verfügung stehende Zeit effektiver nutzen, indem wir zum Beispiel unsere Arbeit anders strukturieren und unsere Aufgaben und Interessen besser koordinieren.

Komplexere Rahmenbedingungen

Zeit- und Selbstmanagement haben sich daher zu wichtigen *Arbeitstechniken* entwickelt. Sie werden immer wichtiger, je komplexer unser Arbeits- und Lebensalltag wird und je unterschiedlicher die Aufgaben werden, die wir erledigen müssen.

Nicht nachvollziehbar ist es deshalb, wenn der Münchner Hochschullehrer Karlheinz A. Geißler schreibt, Zeitmanagement sei »eine modernisierte Form der Heilserwartung«. Es würden dort zwar »praktikable Hilfen für die zeitliche Gestaltung des Arbeits- bzw. Lebensalltags angeboten. Viel zu häufig geschieht dies jedoch im Zusammenhang mit nicht einlösbaren Erwartungen, falschen Erfolgshinweisen und schillernden

Glücksversprechen. Kurz gesagt: Zeitmanagement ist eine attraktive moderne Märchengattung.« (Geißler 2000, Seite 62)

Dem kann entgegnet werden: Zeitmanagement ist keine Lebensphilosophie. Folglich kann es auch keine Heilserwartungen wecken.

Zeitmanagement ist eine Arbeitstechnik, die uns hilft, unseren Alltag zu strukturieren und uns auf die für uns wichtigen Dinge zu konzentrieren.

Unsere Zeitknappheit resultiert aus der steigenden Zahl der Anforderungen, die an uns gestellt werden bzw. die wir an uns stellen. Sie ist das Resultat des Beschleunigungsprozesses, der unsere Gesellschaft prägt. Das Zeitmanagement ist ein erster Schritt, der hieraus resultierenden Überforderung des Einzelnen Herr zu werden.

Kapitel 6

Zeit- und Selbstmanagement reichen nicht aus

Trotzdem stoßen auch Zeit- und Selbstmanagement an ihre Grenzen. Viele Menschen machen heute die Erfahrung: Selbst wenn ich die Regeln des Zeitmanagements konsequent anwende, kann ich den an mich gestellten Anforderungen nicht gerecht werden. Ihnen ergeht es wie einem Maurer, der versucht, mit einem 500-Gramm-Hammer eine Wand einzureißen. Irgendwann wird ihm bewusst: Mit diesem Hammer kann ich zwar den Putz von den Wänden hauen, aber keine Mauer einreißen. Hierfür muss ich zum Vorschlaghammer greifen. Ist dann der Durchbruch gelungen, kann ich wieder mit dem 500-Gramm-Hammer arbeiten.

Grenzen des Zeitmanagements

> Immer mehr Menschen begreifen, dass sie mit reinen Zeit- und Selbstmanagementtechniken allein die an sie gestellten Anforderungen nicht mehr bewältigen können.

Mancher versucht dann zwar noch, durch ein rigideres Zeitmanagement den Anforderungen gerecht zu werden. Meist endet

dies aber mit einem physischen oder psychischen Kollaps.

Dafür gibt es mehrere Gründe. Zum Beispiel können wir nur ein begrenztes Aufgabenpensum bewältigen – ganz gleich, ob es sich hierbei um private oder berufliche Aufgaben handelt.

Mit einem effektiven Zeit- und Selbstmanagement können wir zwar unsere Leistungsgrenzen verschieben, indem wir unsere Arbeit anders strukturieren, doch irgendwann ist die Grenze erreicht. Dann schlägt das Gefordertsein in ein Überfordertsein um.

Dann ist unser (Arbeits-)Tag zwar wohlstrukturiert, aber trotzdem sind am Abend noch viele Aufgaben unerledigt.

Arbeitspensum als Kapazitätsproblem

Aus meinen Seminaren weiß ich, dass immer mehr Menschen diese Erfahrung machen. Sie stellen fest: Selbst wenn ich meinen Tagesablauf gut plane und strukturiere, kann ich mein Pensum nicht erledigen. Die Antwort des klassischen Zeitmanagements auf diese Situation lautet: Sie müssen ihre Aufgaben nach delegierbaren Aufgaben und solchen, die sie in den Papierkorb werfen können, durchforsten. Doch damit ist vielen Menschen heute nicht geholfen. Sie können ihre Aufgaben noch so scharf analysieren, sie finden keine Aufgaben mehr, die sie noch abgeben könnten.

Dabei kann das *Nicht-mehr-delegieren-Können* viele Ursachen haben. Unter anderem:

- Die Arbeitsmenge ist effektiv zu groß.
- Es fehlen Personen, an die wir delegieren können.

Delegieren, aber an wen?

Notieren Sie in der Liste Aufgaben aus Ihrem beruflichen/privaten Alltag, die Sie an andere Personen delegieren könnten. Woran scheitert das Delegieren?

Aufgabe	Delegieren an …	Warum nicht?
Beruflich		
Privat		

- Alle verbliebenen Aufgaben sind so wichtig, dass wir sie selbst erledigen müssen.
- Die Personen, an die wir die Aufgaben theoretisch delegieren könnten, sind selbst überlastet und wehren sich gegen weitere Aufgaben.

Delegation: Ende der Führungsstrategie

Ein weiterer Grund ist, dass Delegieren oft Geld kostet. Natürlich können wir zum Beispiel unsere Wohnung von einer Putzfrau reinigen lassen. Aber nur, wenn wir das nötige Kleingeld haben. Das Gleiche gilt für einen Babysitter zum Beaufsichtigen unserer Kinder. Ähnlich ist es in vielen Unternehmen. Auch dort könnten oft mehr Arbeiten an externe Dienstleister delegiert werden, um die Mitarbeiter zu entlasten. Aber in manchen (Klein-)Unternehmen fehlt hierfür schlicht das Geld.

> **Aufgabe:** Überlegen Sie sich selbst bzw. sprechen Sie mit Ihrem Lebenspartner, Ihrem Chef, Ihren Kollegen darüber, wie die Voraussetzungen für ein Delegieren geschaffen werden können.

Immer mehr A-Aufgaben

Ganz gleich, worin die Ursachen des Nicht-mehr-delegieren-Könnens liegen: Immer mehr Personen sitzen abends trotz eines guten Zeit- und Selbstmanagements vor einem Stapel unerledigter Aufgaben. Die Folge: Das Arbeitsende verschiebt sich in die späten Abendstunden und manche »wichtige« Aufgabe, die nicht »dringlich« ist, bleibt trotz bester Vorsätze liegen.

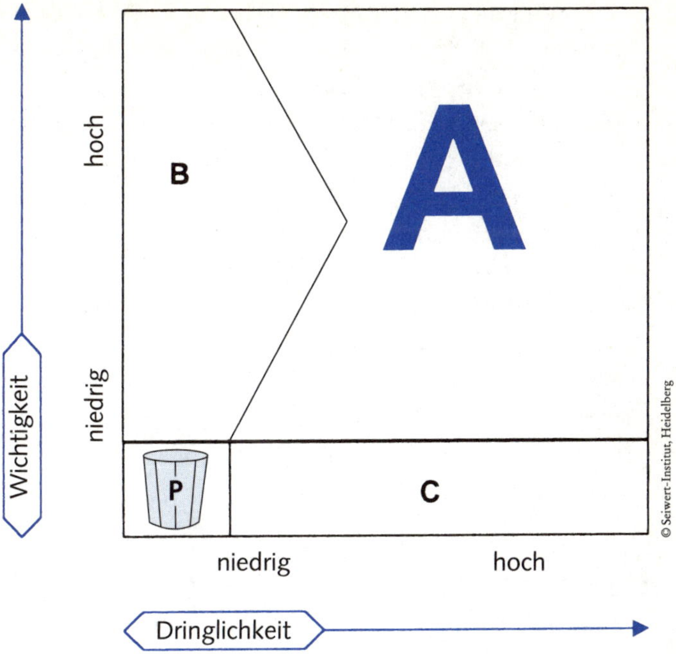

Prioritäten-Matrix

Für ein effektives *Prioritäten-Management* ergeben sich aus dieser Matrix folgende Schlussfolgerungen:

- *Quadrant A:* Wichtige und dringende Aktivitäten müssen *sofort* und meist von einem *selbst* in Angriff genommen werden. Es handelt sich um *kritische* Situationen, Probleme oder sogar Krisen, denn Wichtiges sollte nie eilig werden und unter hohem Zeitdruck erledigt werden müssen. **Prio A**

Prio B

- *Quadrant B:* Wichtige, aber nicht dringende Aktivitäten werden meist auf die lange Bank geschoben, bis sie irgendwann »dringend« werden und zu »Hau-ruck«-Aktionen auf den letzten Drücker mutieren. Sie sollten besser geplant und rechtzeitig *terminiert* werden.

Prio C

- *Quadrant C:* Dringende, aber unwichtige Aktivitäten nehmen durchgängig den größten Teil des Zeitbudgets in Anspruch. Hier stecken die größten Zeitreserven für mehr Effektivität. Dringende, aber unwichtige Aufaben sollten so weit wie möglich *reduziert, eliminiert* oder *delegiert* werden.

Prio P

- *Quadrant P:* Was weder wichtig noch dringend erscheint, kann im Grunde genommen vernachlässigt und getrost in den realen oder virtuellen *Papierkorb* befördert werden. Stellt es sich im Nachhinein doch noch als wichtig oder dringend heraus, wird schon jemand danach fragen oder entsprechend mahnen. Grundsätzlich gilt:

> Das Wichtige ist selten dringend, und das Dringende ist selten wichtig!

Neue Perspektiven entwickeln

Ablenkungen

Wie oft sitzen wir an unserem Schreibtisch. Konzentriert arbeiten wir vor uns hin. Doch dann werden wir aus unserer Konzentration gerissen, weil zum Beispiel ein Kugelschreiber auf den Boden fällt. Und plötzlich sehen wir, dass die Sonne scheint.

Bestimmte Wahrnehmungen/Gedanken stellen sich nur ein, wenn wir Zeit und Muße haben. Viele neue Anforderungen können wir nur lösen, wenn wir uns zurücklehnen und eine gewisse Distanz zur Alltagshektik wahren.

Erfolgreicher durch Ent-schleunigen

Deshalb ziehen sich Manager, wenn sie neue Strategien für ihr Unternehmen entwickeln möchten, meist in die Abgeschiedenheit eines Tagungshotels oder gar Klosters zurück. Sie wissen: Eingebunden in den Alltagsstress zwischen zwei Terminen finden wir keine adäquate Lösung. Ganz bewusst ent-schleunigen sie ihren Arbeitsrhythmus gezielt, damit neue Gedanken und Ideen entstehen können. Ein solches *punktuelles Ent-schleunigen* müsste aber auch für ihre Mitarbeiter möglich sein. Auch sie können, wenn sie von einem (Abgabe-)Termin zum nächsten hasten, keine wirklich kreativen Problemlösungen entwickeln.

Ebenso ist es in unserem privaten Bereich. Wenn wir ständig unter Strom stehen, können wir keine kreativen Lösungen für neue Anforderungen entwickeln.

> Wer ständig unter Druck agiert, kann stets nur dieselben Verhaltensmuster zeigen. Er kann seine Aufgaben zwar eventuell schneller ausführen, weil er mit der Zeit Routine gewinnt, eine neue Qualität erreicht er hierdurch aber nicht.

Notwendigkeit der Reflexion

Und damit wären wir bei einem zentralen Punkt, woran das Zeit- und Selbstmanagement vieler Menschen scheitert. Weil wir in immer kürzeren Zeitabständen mit neuen Anforderungen konfrontiert werden, müssten wir unseren Lebens- und Arbeitsrhythmus regelmäßig oder zumindest ab und zu gezielt ent-schleunigen. Wir müssten uns zurücklehnen und uns fragen:

- Welche neuen Anforderungen werden an mich gestellt? Und:
- Wie kann ich darauf angemessen reagieren?

Warum tun wir das aber oft nicht? Weil es uns ohnehin schwer fällt, unseren Alltag zu managen, und wir stets unter dem Gefühl »Ich habe zum Entschleunigen keine Zeit« leiden. Folglich entwickeln wir auch nicht die nötigen neuen Handlungsstrategien und drehen uns wie Hamster in ihrem Laufrad im Kreis.

Geschwindigkeit allein führt uns nicht zum Ziel

Dass wir uns so selten zurücklehnen und uns fragen: »Was ist (mir) wirklich wichtig?« und »Welches Verhalten bringt mich künftig weiter?«, hat auch noch einen anderen Grund:

> Schnelligkeit ist ein moderner Mythos geworden. Beruflich und privat.

Tempo-Management

So wie manche Unternehmen glauben, es genüge, auf die Kunden loszurennen, um sie zu gewinnen, glauben viele von uns: Ich muss nur mehr Gas geben, dann komme ich schon ans Ziel. Zu Recht schreibt Wolf Lotter (Wolf Lotter, in: *brand eins* 06/2000, Seite 89):

»Wer zu schnell fährt, fliegt irgendwann aus der Kurve. Wer abrupt bremst, auch. Wer zu langsam dahinschleicht, wird Opfer eines Auffahrunfalls. Es geht ums richtige Tempo, nicht um die Abschaffung jeder Dynamik.«

Was das *richtige Tempo* ist, hängt von unserer jeweiligen Aufgabe und Situation ab. Zwei Beispiele.

Beispiel 1: Stellen Sie sich vor: Sie lernen auf einem Fest einen Mann oder eine Frau kennen, der/die Ihnen auf Anhieb gefällt. Heftig flirten Sie mit dem oder der Angebeteten und Sie spüren, dass Sie auf Resonanz stoßen. Folglich tauschen Sie gegen Ende des Festes die Telefonnummern aus oder Sie verbringen sogar die Nacht zusammen. Schön! Doch wie würde Ihr(e) neue(r) Angebetete(r) reagieren, wenn Sie ihm/ihr am nächsten Morgen »ewige Liebe« schwören und ihm/ihr verkünden würden, »Wir müssen zusammenziehen«, »Wir müssen gemeinsam Kinder kriegen«? Vermutlich wird die Reaktion sein: »Nun mal langsam; wir haben uns doch gestern erst kennen gelernt.« Also heißt es »Fuß vom Gas«. Umgekehrt gilt: Wenn Sie sich erst fünf, sechs Wochen nach ihrem ersten Treffen wieder bei ihm bzw. ihr melden, werden Sie vermutlich folgende Reaktion ernten: »Ja, ich entsinne mich an das nette Gespräch mit dir. Es war wirklich ein netter Abend. Aber leider bin ich zurzeit mit ganz anderen Dingen beschäftigt …«

Beispiel 2: Seit Jahren wird auf Managementkongressen verkündet: »Nicht der Starke frisst den Schwachen, sondern der Schnelle überholt den Langsamen.« Und weil dieser Spruch schon so oft verkündet wurde, glauben ihn die meisten Unternehmensführer. Folglich erklären sie Geschwindigkeit und Flexibilität zur obersten Unternehmensmaxime. Entsprechend häufig werden die Unternehmen umstrukturiert, entsprechend häufig ändern sich deren Strategien, bis letztlich kein Mitarbeiter (und oft Kunde) mehr weiß, was nun eigentlich gilt. Folglich ziehen sich die Betroffenen zunehmend in die Haltung zurück: »Alles wird nicht so heiß gegessen, wie es gekocht wird.« Das heißt, sie hören sich zwar die neuen Parolen an, doch innerlich denken sie: Ich mache so weiter wie bisher. In ein paar Monaten gilt alles ohnehin nicht mehr. Ihre Führungskräfte verkünden dann wiederum: Unsere Mitarbeiter sind nicht zur Veränderung bereit; sie sperren sich gegen jede Veränderung. Die Führungskräfte übersehen dabei, dass sie diese Haltung ihrer Mitarbeiter oft selbst produzieren, weil sie nicht anerkennen, dass jede Veränderung ihre Zeit braucht.

Problem der Raserei

Dass Schnelligkeit allein nicht unsere oberste Maxime sein kann, zeigt auch folgendes Beispiel: »Würde die Raserei allein davor bewahren, die Mahlzeit des Nächstcleveren zu werden, dann würden Wüstenspringmäuse den Planeten regieren. Als Erster aus dem Startloch zu sprinten, genügt nicht. Man muss auch wissen, wohin man läuft.« (Lotter, in: *brand eins* 06/2000, Seite 83)

Es genügt nicht zu rasen. Man muss auch wissen, wohin man läuft.

Wir brauchen neue Stützpfeiler für unsere Identität

Viele Menschen haben Angst, sich zu fragen: *Was will ich wirklich?* Dann würde sich ihnen nämlich die Sinnfrage *»Wozu das Ganze?«* stellen. Und sie müssten gezielte Entscheidungen treffen.

Doch wenn immer mehr Stützpfeiler unserer Identität und inneren Stabilität brüchig werden, wird unser Ich zu einem schwankenden Bauwerk.

An diesem »schwankenden Bauwerk« wagen viele nicht zu rütteln aus Angst, es könnte zusammenbrechen. Vielleicht würde sich beim Rütteln ja zeigen, dass wir gar nicht authentisch leben, sondern dass sich unsere so genannte Persönlichkeit nur aus Denkmustern und Verhaltensschablonen zusammensetzt, die wir uns auf Druck von außen zugelegt haben.

Leben wir authentisch?

Zu einem starken Ich können wir nur gelangen, wenn wir bereit sind, die Verantwortung für uns und unser Leben zu übernehmen. Die Anwendung des *Verantwortungsprinzips* ist eine der wichtigsten Grundregeln für persönlichen Erfolg und Zufriedenheit. Denn wer es schafft, die Verantwortung für unbefriedigende Arbeitssituationen, unglückliche Beziehungen und eigenes Versagen nicht bei anderen und in bestimmten Lebensumständen, sondern bei sich selbst zu suchen, der wird Kontrolle über sein Leben bekommen und damit auch die richtigen Wege und Strategien für persönlichen Erfolg und Zufriedenheit finden.

Wir müssen uns, wenn wir noch stabil sind, zurücklehnen und uns fragen: *Was ist mir wirklich wichtig?* Dann haben wir noch mehrere Verhaltensoptionen. Dann haben wir zudem noch die Kraft, uns zu entscheiden.

Dies tun wir aber oft nicht, denn unbewusst ist uns klar:

Stützpfeiler der Persönlichkeit

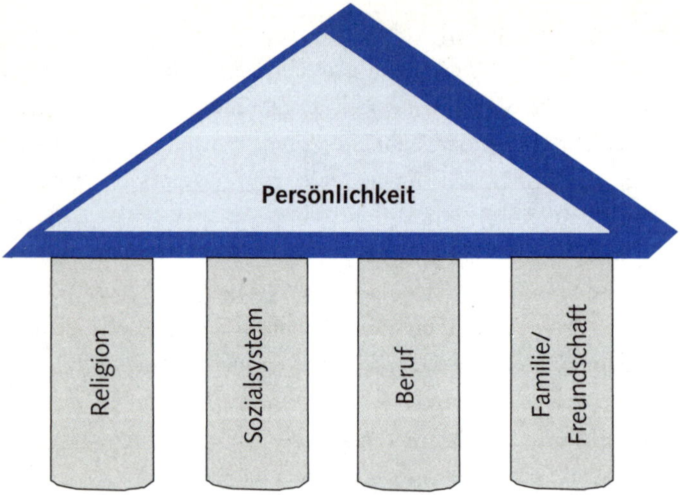

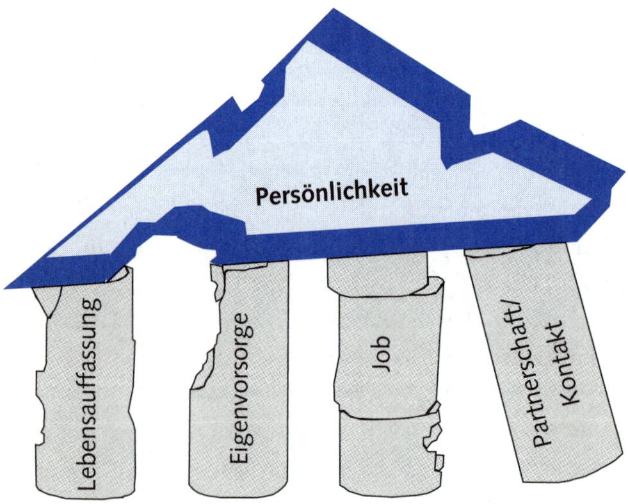

Sich entscheiden heißt, viele andere Entscheidungsmöglichkeiten zu verwerfen. Zum Ja-Sagen gehört das Nein-Sagen.

Wenn wir »Ja« und damit zugleich »Nein« sagen, gewinnen wir innere Klarheit. Dann steht auch unser Zeit- und Selbstmanagement auf einem solideren Fundament.

Zeit-management	Ziel: Zeit effektiv nutzen
⇩	⇩
Selbst-management	Ziel: Uns selbst managen
⇩	⇩
Life-Leadership	Ziel: Die Beziehung zwischen den vier Lebensbereichen sowie zu unserer Umwelt so gestalten, dass wir ein er-fülltes statt ge-fülltes Leben führen.

Teil 2

Balance Your Life: Life-Leadership®

Kapitel 7

Auf der Suche nach dem eigenen Ich

Kennen Sie den Teufelskreis des Rasierapparats? Der Volkswirtschaftler Nicholas Georgescu-Roegen beschreibt ihn: »Ich rasiere mich schneller, damit ich mehr Zeit habe, eine Maschine zu erfinden, mit der ich mich schneller rasieren kann ...« (*brand eins*, 6/2000, Seite 85)

Speed-Kreislauf

In diesem Teufelskreis stecken viele *Unternehmen*. Stets versuchen sie und ihre Mitarbeiter, die gesteckten Ziele zu erreichen. Doch kaum nähern sie sich dem Ziel, schreit jemand, ähnlich wie in der Fabel *Vom Hasen und Igel*: Ich bin schon da. Folglich legen sie nochmals einen Zahn zu. Doch vergeblich. Kaum nähern sie sich dem nächsten Ziel, schreit es erneut: *Ich bin schon da*. Sei es, weil ein Mitbewerber das neue Produkt schneller auf den Markt gebracht oder einen Umstrukturierungsprozess schneller abgeschlossen hat.

Im Unternehmen

Oder, weil der Finanzmarkt die Messlatte höher gelegt hat. Statt 20 müssen nun 30 Prozent Umsatzzuwachs pro Jahr erzielt werden. Statt einer Umsatzrendite von 15 Prozent müssen nun 18 Prozent erreicht werden, weshalb das Unternehmen sein Ziel nie erreicht.

Ähnlich ist es in unserem *privaten Bereich*. Auch hier sammeln wir zunehmend die Erfahrung: Ich komme nie ans Ziel. Wenn ich meine Energie darauf verwende, den beruflichen Anforderungen gerecht zu werden, ergeben sich automatisch Probleme im Privatleben. Wenn ich hingegen versuche, die Anforderungen, die meine Familie, meine Bekannten oder Verwandten an mich stellen, zu erfüllen, erreiche ich meine beruflichen Ziele nicht.

Privat

Viele Anforderungen, die an uns gestellt werden, sind nicht miteinander vereinbar

Immer größerer Zeitdruck

Manche von uns versuchen in Stresssituationen, ihre Konflikte durch ein rigideres Zeitmanagement zu lösen. Statt einer halben Stunde werden nur noch 20 Minuten für die Besprechung eingeplant. Statt um 8 Uhr wird mit dem Arbeiten um 7 Uhr begonnen. Der wöchentliche Besuch des Schwimmbads entfällt ganz und zu Hause gibt es nur noch Tütensuppen statt frischer Gemüsesuppen. Meist gelingt dieses »Krisenmanagement« nur für kurze Zeit. Nicht nur, weil wir in der uns zur Verfügung stehenden Zeit nur ein begrenztes Kontingent von Aufgaben erfüllen können, sondern auch aus einem anderen Grund:

> In unserer von Flexibilisierung gekennzeichneten Welt lassen sich viele Anforderungen nicht mehr vereinen.

Hierfür einige Beispiele:

- Eine *Mutter*, die nachmittags regelmäßig Punkt 16 Uhr ihre Kinder vom Kindergarten abholen muss, wird immer wieder Probleme mit einer Arbeitsstelle haben, bei der sie nicht regelmäßig um Punkt 15.30 Uhr ihr Büro verlassen kann, weil häufig noch Unvorhergesehenes erledigt werden muss.
- Eine *junge Frau* oder ein junger Mann, der gerade im Unternehmen beweisen muss, dass er sich für die Übernahme einer qualifizierten Managementposition eignet, wird immer Schwierigkeiten haben, parallel dazu ein Haus zu bauen.
- Ein *Vertriebsmitarbeiter*, der häufig Kunden in einer Hunderte von Kilometern entfernten Stadt oder gar im Ausland besuchen muss, wird immer Schwierigkeiten haben, eine Weiterbildung regelmäßig zu besuchen, bei der er stets an einem bestimmten Abend um eine bestimmte Uhrzeit anwesend sein muss.
- Eine Person, die gerade den Schritt in die *Selbstständigkeit* wagt, wird in der Gründungsphase des Unternehmens meist weniger Zeit für ihre Familie und für sportliche und soziale Aktivitäten haben.
- Eine *Führungskraft*, die von ihrem Arbeitgeber an einen anderen Standort versetzt wurde und nur noch am Wochenende zu Hause ist, wird immer Schwierigkeiten haben, dort ihre gewachsenen sozialen und freundschaftlichen Kontakte wie zuvor zu pflegen.

Konflikt und Zeit

Durch ein *rigides Zeitmanagement* allein lassen sich solche Konflikte nicht lösen. Versuchen wir es trotzdem, ist die Krise vorprogrammiert. Sei es, indem wir plötzlich einen Herzinfarkt bekommen, weil wir unseren Körper lange Zeit vernachlässigt haben. Oder sei es, weil wir plötzlich alles infrage stellen: »Was soll die ganze Hetzerei? Immer häufiger wird dann der Wunsch

Entweder – oder II

Gehen Sie zurück zur Entweder-oder-Liste auf Seite 27 in Kapitel 1. Übertragen Sie die dort notierten, schwer zu vereinbarenden Bedürfnisse/Anforderungen in die nachfolgende Liste. Fallen Ihnen weitere Beispiele ein? Ordnen Sie dann die Bedürfnisse/Anforderungen einem der vier Lebensbereiche (Arbeit/Leistung, Familie/Kontakt, Körper/Gesundheit und Sinn/Kultur) zu, und überlegen Sie sich, warum die Bedürfnisse/Anforderungen schwer zu vereinbaren sind. Welche Lebensbereiche kollidieren am häufigsten miteinander?

Bedürfnis/ Anforderung	Lebensbereich	Schwierig zu vereinbaren, weil …
I		
II		
I		
II		
I		
II		
I		
II		
I		
II		
I		
II		
I		
II		
I		
II		

geäußert, mit 50 Jahren in Rente zu gehen bzw. auszusteigen. Hinter diesem Wunsch steckt die »Erkenntnis«: In meinem jetzigen, von der Arbeit dominierten Leben kann ich meine Wünsche, meine Sehnsüchte und mich selbst nicht verwirklichen. Also werde ich es in zehn oder 20 Jahren tun. Doch diese Hoffnung wird stets unerfüllt bleiben. Denn wenn wir ehrlich zu uns sind, müssen wir uns eingestehen:

Aussteigersehnsüchte

> Warum soll es uns in zehn oder 20 Jahren gelingen, eine Balance in unserem Leben zu finden, wenn wir dies heute schon nicht schaffen?

Sichtbar wird dieser Konflikt zwischen Anspruch und Realität am Arbeitsplatz. Hier funktionieren wir nur, und hier werden wir fremdbestimmt. Hier wird uns von außen vorgegeben, was wir zu tun und wie wir uns zu verhalten haben, und in diese Rolle fügen wir uns ein. Dies ist der Ort, an dem wir *Masken* tragen. Unser »wahres Ich« kommt hingegen in unserer Freizeit zum Vorschein. Hier ist der Ort, wo wir unsere echten Gefühle und Bedürfnisse zeigen und unsere wahren Handlungsmotive offen legen. Hier verwirklichen wir uns.

Aktives und passives Ich

Dass wir an unserem Arbeitsplatz wie Schauspieler Masken tragen, ist an sich nicht negativ. Letztlich ist es ein Zeichen dafür, dass wir gewisse Lebensnotwendigkeiten anerkennen. Oft ist das Tragen von Masken sogar ein Zeichen von Professionalität.

- Ein *Arzt* kann nicht mit jedem Schwerkranken mitleiden. Dann wäre er in kurzer Zeit ein heulendes Nervenbündel.
- Ein *Lehrer* kann nicht alle Schüler gleich mögen. Manche sind eben Nervensägen. Trotzdem muss er versuchen, allen gerecht zu werden.
- Ein *Verkäufer* kann nicht jedem Kunden zu jeder Zeit mit derselben Freundlichkeit gegenübertreten. Manchmal hat auch er einen schlechten Tag. Trotzdem muss er versuchen, allen Kunden zumindest ein gleich großes Interessse zu bekunden.

Doch echte Probleme bekommen wir, wenn unsere Maske zu weit von unserem » wahren Ich« abweicht. Dieser Rollenkonflikt macht auf Dauer krank.

Masken und Lebenshüte tragen

Masken und eigenes Ich

Problematisch wird dies, weil wir wegen der vielen Masken, die wir tragen, eine ironische Sicht unseres eigenen Ichs entwickeln und unser Handeln nur noch mit einem scheinbaren Lächeln aus der Distanz beobachten, gleich Fernsehzuschauern, die einen Spielfilm betrachten. Man erlebt sich zunehmend als fremdbestimmt.

Selbst- oder fremdbestimmt?

Wir halten ein Schwätzchen mit dem Nachbarn, weil man das als »guter Nachbar« tut. Wir spielen mit unseren Kindern, obwohl wir hundemüde sind, »Mensch-ärgere-dich-nicht«, weil wir das von uns als gutem Vater oder guter Mutter erwarten. Wir erklären uns beim Elternabend in der Schule bereit, beim Basar Würstchen zu grillen, weil die anderen Eltern auch etwas tun. Wir laden entfernte Bekannte zum Essen ein, weil sie uns auch eingeladen haben. Wir geben uns interessiert, während uns unser Lebenspartner seine Erlebnisse vom Tag schildert, obwohl wir am liebsten unsere Ruhe hätten. Wir gehen zur Vernissage in die Galerie und zeigen uns dort von den Aquarellen der Frau des Bürgermeisters begeistert, obwohl wir eigentlich nur nach Hause möchten. Und so weiter, und so weiter.

Vermutlich kennen Sie zahlreiche Situationen, in denen Sie auch privat eine Maske tragen, Situationen, in denen Sie eher *re-agieren* statt agieren. Auch dies ist nicht schlimm. Fatal wird die Situation erst, wenn wir die meiste Zeit nur noch Masken tragen und diese nicht mehr bewusst auf- und absetzen; wenn wir zudem nur noch *re-agieren statt agieren*, weil wir das Bewusstsein dafür, was uns wirklich wichtig ist, verloren haben.

Die Gefahr, dass uns dieses Schicksal ereilt, wird in der Informationsgesellschaft immer größer.

- Je schneller sich die uns umgebende Welt verändert, umso häufiger werden wir mit *neuen Anforderungen* konfrontiert.
- Je kürzer die Zeit ist, die uns bleibt, um darauf zu reagieren, umso *weniger Zeit* haben wir auch, um zu entscheiden: Will ich diesen Anforderungen gerecht werden oder nicht?
- Je mehr Anforderungen wir unreflektiert übernehmen, umso größer ist die Wahrscheinlichkeit, dass wir unser *wahres Ich* verlieren.

Mit jeder Anforderung, die wir unreflektiert übernehmen, und mit jedem Lebenshut, den wir uns auf den Kopf setzen lassen, kommen wir daher der Situation näher, dass wir nur noch re-agieren statt agieren. Es gibt so viele verschiedene Lebensrollen bzw. Lebenshüte, dass wir eine Auswahl treffen müssen. Im beruflichen Bereich haben Sie mehrere Hüte zugleich auf, zum

Lebens-umstände

Masken

Notieren Sie, welche Masken Sie in Ihrem Beruf bzw. privat tragen. Überlegen Sie sich, warum Sie diese tragen, und notieren Sie die Gründe in der Liste anhand der Kategorien a bis e. Selbstverständlich können Sie auch eigene Kategorien verwenden.

a. Überforderung – z. B. zu viele Aufgaben,
b. Angst – z. B. abgelehnt, nicht akzeptiert zu werden,
c. Gewohnheit – z. B. Erziehung/antrainiertes Verhalten,
d. Notwendigkeit – z. B. im Beruf erforderlich, um überflüssige Konflikte zu vermeiden,
e. Selbstschutz – z. B. mein »Innerstes« geht nur ausgewählte Leute etwas an.

Maske	Warum tragen Sie diese Maske?
Beruflich	
Privat	

Beispiel als Führungskraft, Projektleiter, Mitarbeiter oder Verkaufslciter. Ebenso ist es in Ihrem Privatleben. Sie sind Ehemann/-frau, Vereinsmitglied, Vermieter, Nachbar usw. Das kann schnell zu viel werden, denn mit jedem Lebenshut werden mehr Anforderungen an uns gestellt.

Religion

Aber nicht nur zu viele Lebenshüte und unreflektiert getragene Masken bedrohen uns. Die Gefahr, dass wir unser Selbst verlieren, wird auch größer, weil die Pfeiler wegbrechen, die uns in der Vergangenheit bei unseren Entscheidungen geholfen haben. Ein wesentlicher Pfeiler war die *Religion*. Sie setzte mit ihren ethischen Maximen klare Grenzen für unseren Entscheidungsraum »Will ich oder will ich nicht«. Dieser Pfeiler zerbröselt in der modernen Welt.

Wertesystem

Auch unser Eingebundensein in eine kommunale, regionale und nationale Gemeinschaft erleichterte es uns in der Vergangenheit, Entscheidungen zu treffen. Jeder Gemeinschaft liegt ein *Wertesystem* zugrunde, das unseren Entscheidungsraum begrenzt. Im Zeitalter der Globalisierung wird diese Stütze zunehmend infrage gestellt.

Familiäre Beziehungen

Ein weiterer Eckpfeiler ist unser Eingewobensein in *familiäre Beziehungen* und gewachsene Freundschaften. Auch diese Netzwerke zeichnen sich durch gemeinsame Normen und Werte aus, an denen wir unsere Entscheidungen orientieren können. Doch auch dieser Pfeiler wird brüchig. Nicht nur wegen der Tendenz zu stets kleineren Familien, sondern auch, weil uns zum Beispiel beruflich bedingte Ortswechsel immer häufiger zum Aufgeben gewachsener Freundeskreise zwingen.

Berufliche Identität

Erleichtert wurde uns das Entscheiden in der Vergangenheit auch durch unsere *berufliche Identität*. Da sich die klassischen Berufsbilder jedoch auflösen und wir zunehmend vor der Herausforderung stehen, mehrere Berufe im Laufe unseres Lebens auszuüben, wird auch dieser Eckpfeiler brüchig. Hinzu kommt:

Lebenshüte

Welche »Lebenshüte« tragen Sie auf Ihrem Kopf? Für welche haben Sie sich selbst entschieden, welche wurden Ihnen übergestülpt? Welche sind wirklich notwendig und welche nicht?

Lebenshüte	selbst gewählt	notwendig
	☐ ja ☐ nein	☐ ja ☐ nein
	☐ ja ☐ nein	☐ ja ☐ nein
	☐ ja ☐ nein	☐ ja ☐ nein
	☐ ja ☐ nein	☐ ja ☐ nein
	☐ ja ☐ nein	☐ ja ☐ nein
	☐ ja ☐ nein	☐ ja ☐ nein
	☐ ja ☐ nein	☐ ja ☐ nein
	☐ ja ☐ nein	☐ ja ☐ nein
	☐ ja ☐ nein	☐ ja ☐ nein
	☐ ja ☐ nein	☐ ja ☐ nein

Auswertung

Addieren Sie jeweils die vier möglichen Kombinationen von selbst gewählt und notwendig und tragen Sie die Zahlen unten ein.

selbst gewählte und **notwendige** Lebenshüte:
nicht selbst gewählte, aber **notwendige** Lebenshüte:
selbst gewählte, aber **nicht notwendige** Lebenshüte:
nicht selbst gewählte und **nicht notwendige** Lebenshüte:

Überlegen Sie sich abschließend, welche Hüte Sie gern ablegen würden.

Das Beantworten der Frage »Will ich bzw. will ich nicht« setzt voraus, dass wir wissen, was uns wirklich wichtig ist. Diese Frage können wir nur beantworten, wenn wir eine Vision von unserem Leben haben.

Lebensvision entwickeln

Eine solche *Vision* lässt sich nicht en passant, sozusagen zwischen Abendessen und Beginn der Tagesschau entwickeln. Dies erfordert Zeit und innere Ruhe. Wenn wir innerlich unter Strom stehen, sind wir in unseren Alltagsgedanken gefangen. Dann stellen sich bei uns keine neuen, zukunftsweisenden Gedanken ein. Unsere Wahrnehmung ist auf die kurzfristigen Notwendigkeiten fixiert, und es fehlt uns der Blick für das Ganze. Deshalb ist es unerlässlich, dass wir uns aus dem Alltag an einen ruhigen Ort zurückziehen, wenn wir wichtige Entscheidungen treffen müssen.

Eine solche, zeitlich befristete *Auszeit* werden wir in Zukunft häufiger brauchen. Denn:

Je mehr (neue) Anforderungen auf uns einstürmen und je schneller wir zu reagieren gezwungen sind, umso notwendiger ist es, dass wir uns, bevor die Probleme brennend werden, zurücklehnen und uns fragen: Was will ich wirklich? Was ist mir wirklich wichtig? Wie sieht meine Lebensvision aus?

Nur wenn wir uns diese *Auszeit* nehmen, können wir Wertmaßstäbe und damit auch Entscheidungskriterien für unser Handeln entwickeln, die verhindern, dass wir wie ein Stück Kork in der Brandung hin und her geworfen werden.

Kapitel 8

Der Wunsch nach Balance im Leben

Balance der Lebensbereiche

Unser Leben lässt sich zwar in *vier Lebensbereiche* einteilen, diese stehen jedoch in einer unauflösbaren Wechselbeziehung zueinander. Das *Life-Leadership-Konzept* vertritt einen ganzheitlichen Ansatz und fordert uns auf, unser Leben als eine Einheit zu betrachten.

Wir müssen lernen, die Balance zwischen den vier Lebensbereichen

- Körper/Gesundheit,
- Arbeit/Leistung,
- Familie/Kontakt,
- Sinn/Kultur

zu finden.

Unsere moderne Lebensführung krankt daran, dass wir – häufig reagierend auf Anforderungen von außen – einen oder mehrere der vier Lebensbereiche auf Dauer vernachlässigen. Dies hat *Konsequenzen*.

- *Wer den Fokus einseitig auf den Bereich »Arbeit/Leistung« legt,* wird irgendwann nicht nur Probleme im Bereich »Familie/Kontakt« haben, sondern auch sein Körper wird irgendwann streiken. Dies wirkt sich wiederum auf seine Leistungskraft und -bereitschaft aus. Diese Erfahrung hat vermutlich jeder schon gesammelt: Wenn wir gerade Streit mit unserem Lebenspartner oder gar eine Trennung hinter uns haben, können wir uns auch nicht voll auf unsere Arbeit konzentrieren. Dann stehen die privaten Probleme im Vordergrund. Oder wenn wir unter Einsamkeit leiden. Dann können wir zwar einige Zeit unseren Kummer in Arbeit (oder Wein) ertränken. Doch irgendwann bricht dieses Gebäude zusammen. Ähnlich ist es, wenn wir krank sind oder uns nicht wohl in unserer Haut fühlen. Auch dann können wir keine Topleistung bringen.

Arbeit/ Leistung

- *Wer den Fokus einseitig auf den Bereich »Familie/Kontakt« legt* und seine Arbeit vernachlässigt, wird irgendwann (sofern er nicht zu den reichen Erben zählt) finanzielle Probleme haben. Außerdem wird sein Selbstwertgefühl darunter leiden, weil er weder seine Fähigkeiten und Fertigkeiten weiterentwickelt noch diese in einen konkreten Nutzenzusammenhang stellt. Auch diese Erfahrung haben Sie vermutlich schon gemacht: Es ist wunderschön, mit Freunden und den Liebsten zusammenzusitzen und mit ihnen über »Gott und die Welt« zu reden. Es macht Spaß, mit Freunden durch Wälder zu spazieren und mit ihnen den gemeinsamen Hobbys nachzugehen. Wird dies jedoch zum einzigen Lebensinhalt, so stellt sich auch hier mit der Zeit das Gefühl der Leere ein. Dies ist ein Grund, warum viele Arbeitslose und Rentner stärker als Berufstätige unter dem Gefühl der Vereinsamung leiden, obwohl sie alle Zeit der Welt zum Pflegen von Kontakten hätten.

Familie/ Kontakt

- *Wer den Fokus einseitig auf den Bereich »Körper/Gesundheit« setzt,* wagt sich irgendwann nicht mehr vor die Tür, weil er sich vor Infektionen fürchtet. Auch der Spaß am Essen wird ihm verleidet. Und spätestens wenn der Zahn der Zeit, das heißt der Alterungsprozess, spürbar an seinem Körper nagt, gerät er in eine Krise. Oft äußert sich das Überbetonen des Bereichs »Körper/Gesundheit« in einer mangelnden Fähigkeit, das eigene Altern zu akzeptieren. Die Folge ist meist eine übertriebene sportliche Aktivität, um den Alterungsprozess zu verlangsamen und sich selbst zu beweisen: »Ich bin noch jung«. Eine innere Unzufriedenheit und Unausgeglichenheit sind der Preis, weil wir letztlich wissen, dass wir nicht ewig jung sein werden.

Körper/Gesundheit

- *Wer den Fokus einseitig auf den Bereich Sinn/Kultur setzt*, der ... Ja, was ist mit dem? Eine schwierige Frage. Der hat, zumindest wenn er für sich eine Antwort auf die Frage nach dem Sinn findet, einen zentralen Schlüssel zu einem erfüllten Leben gefunden, da die Sinnfrage alle anderen drei Lebensbereiche durchzieht. Auffallend ist jedoch, dass häufig diejenigen, die sich am intensivsten mit der Frage nach dem Sinn befassen, an ihrer Beantwortung scheitern. Wie zum Beispiel derjenige, der von einem Therapeuten zum nächsten zieht, um die Wurzeln seines Selbst zu erkunden. Viele finden kaum Antworten, weil sie die Sinnfrage von den anderen Lebensbereichen abkoppeln. Das *Life-Leadership-Konzept* geht demgegenüber davon aus:

Sinn/Kultur

Sinn ist nur in Zusammenhang mit den drei anderen Lebensbereichen erfahrbar.

»Ja« zur Abhängigkeit sagen. Nur dann sind wir frei.

Life-Leadership setzt einen weiteren Punkt voraus. Wir müssen neu lernen zu akzeptieren, dass wir soziale Wesen sind, und auch unser Verständnis von »Freiheit« gilt es neu zu definieren.

Unsere moderne Gesellschaft setzt – fälschlicherweise – Freiheit mit Unabhängigkeit gleich.

Fast ohne Nachdenken akzeptieren wir die Parole: Wer *Abhängigkeiten* eingeht, ist schwach, wer unabhängig ist, ist stark. Dieses Denken durchzieht unser gesamtes Leben. Teilweise ist das verständlich. Im Berufsleben erfahren wir, wie die Wirtschaft danach strebt, von uns als Arbeitnehmern unabhängiger zu werden. Menschen werden durch Maschinen ersetzt, feste Angestellte durch Freelancer und (Schein-)Selbstständige. Folglich streben auch wir danach, von unseren Arbeit- und Auftraggebern unabhängiger zu werden.

Unabhängigkeitstendenzen

Ähnlich ist es im *privaten Bereich*. Auch hier wird Unabhängigkeit zur obersten Lebensmaxime. Entsprechend viele Singles bevölkern allabendlich insbesondere in den Großstädten die Kneipentheken oder versuchen, sich zu Hause vor dem Fernseher durch das Betrachten einer Talkshow das Gefühl zu vermitteln: »Ich bin dabei.« Oder sie verbringen ihre Zeit in Chat-rooms. Anonym und unverbindlich – mit einem Klick sind sie wieder draußen. Die meisten von ihnen – insbesondere Männer – gestehen sich ihre Vereinsamung nicht ein. Stattdessen versuchen sie – zumindest im Kontakt mit

Soziale Kontakte

anderen –, ihre Beziehungsunfähigkeit und Einsamkeit mit Begriffen wie »Freiheit«, »Unabhängigkeit« und »Selbstverwirklichung« zu kaschieren.

Persönliche Abhängigkeiten

»Nach den Losungen der neuen Ordnung ist Abhängigkeit eine Sünde.« (Sennett 2000a, Seite 191) Manche Menschen schämen sich inzwischen geradezu, wenn sie Abhängigkeiten eingestehen müssen. Wie falsch das ist, merken wir, wenn wir uns klarmachen:

- Wer liebt, ist stets (emotional) abhängig.
- Wer mit einer Person in einer freundschaftlichen Beziehung steht, ist von dieser abhängig. Sonst ist es keine wahre Freundschaft.
- Wer eine Familie gründet, begibt sich freiwillig in Abhängigkeiten.

Allgemein gilt:

Ohne Abhängigkeit ist kein gemeinschaftliches Leben und kein erfülltes Leben möglich.

Abhängig sein

Negativ ist nicht das Abhängigsein an sich. Negativ ist *Abhängigkeit* nur dann, wenn wir uns (als Erwachsene) nicht frei dafür entschieden haben oder das Abhängigkeitsverhältnis einseitig ist, sodass wir uns, sofern gewünscht, nicht aus ihm lösen können. So zum Beispiel, wenn wir ein Arbeitsverhältnis als Qual empfinden, aber dieses nicht aufgeben können, weil wir (scheinbar) keine Alternative haben. Oder wenn wir in einer unglücklichen Partnerschaft verharren, weil wir glauben, unseren Kindern zumindest die Fiktion einer heilen Familie schenken zu müssen.

Du-zentriertes Denken

Abhängigkeit funktioniert, wenn die Relation zwischen Geben und Nehmen ausgeglichen bleibt, sowohl im Privatleben als

Abhängigkeiten

Von welchen Personen sind Sie abhängig? Wie sind Sie von der betreffenden Person abhängig, z. B. emotional, finanziell, beruflich, privat usw.?

Person	Art der Abhängigkeit

Welche Personen sind von Ihnen abhängig? Wie ist die betreffende Person von Ihnen abhängig?

Person	Art der Abhängigkeit

auch im Beruf. Das *Prinzip des Du-zentrierten Denkens* beispielsweise besagt, dass alles, was man anderen Gutes tut, irgendwann zu einem selbst zurückkommt. Immer mehr Führungskräfte bauen diese Erkenntnis in den Umgang mit ihren Mitarbeitern ein. Je mehr Mitarbeitern sie dabei helfen, erfolgreich zu werden, umso mehr werden diese die eigene Karriere der Führungskraft fördern.

Einseitig oder wechselseitig?

Vergleichen Sie, bei welchen Personen die Abhängigkeit einseitig und bei welchen sie wechselseitig ist. Überlegen Sie sich dann, zu welchen Abhängigkeiten Sie »Ja« sagen können und welche Sie lösen möchten.

einseitig	Können Sie »Ja« sagen?	wechselseitig	Können Sie »Ja« sagen?
	☐ ja ☐ nein		☐ ja ☐ nein
	☐ ja ☐ nein		☐ ja ☐ nein
	☐ ja ☐ nein		☐ ja ☐ nein
	☐ ja ☐ nein		☐ ja ☐ nein
	☐ ja ☐ nein		☐ ja ☐ nein
	☐ ja ☐ nein		☐ ja ☐ nein

Übung: Nehmen Sie sich ein leeres Blatt Papier, malen Sie in die Mitte einen kleinen Kreis, in den Sie »Ich« schreiben. Ordnen Sie um dieses »Ich« auf dem Papier alle Personen an, die in Ihrer Liste oben vorkommen – je näher, je abhängiger. So erhalten Sie ein Bild von dem Beziehungsgeflecht, in dem Sie leben.

In einem von Geben und Nehmen ausgewogenen Beziehungsgeflecht sind wir als selbstständige Erwachsene in der Lage, uns auf andere zu stützen, wenn die Situation es erfordert. Dieses *Sich-stützen-Können* wird künftig stärker als in der Vergangenheit über unser Lebensglück entscheiden. Wenn wir nämlich aufgrund biografischer Brüche wie Arbeitslosigkeit, Zerbrechen von (Lebens-)Partnerschaften, erzwungenen Orts- und Berufswechseln usw. immer häufiger Gefahr laufen, in seelische (und/oder finanzielle) Krisen zu geraten, wird das Bewusstsein »Ich kann mich stützen« und »Ich werde getragen« mit darüber entscheiden,

Sich stützen können

- mit welchen Empfindungen wir solchen Brüchen entgegensehen und
- wie wir diese Brüche verarbeiten können.

Aus dem Gefühl »Ich werde getragen« schöpfen wir einen großen Teil unserer Kraft, um pro-aktiv auf die Anforderungen des Lebens zu reagieren.

Diese Aussage kann jeder nachvollziehen, der schon einmal in einer existenziellen Krise steckte. Dann ist das Gefühl »Ich werde getragen« extrem wichtig. Hierfür zwei Beispiele:

Beispiel 1: Vor einiger Zeit sprach ich mit einem Mann, der aufgrund einer starken Alkoholabhängigkeit zunächst seine Arbeitsstelle verlor. Kurz darauf trennte sich zudem seine Frau von ihm. Dies traf ihn wie ein Schock und eine Zeit lang gab er sich noch stärker dem Alkohol hin. Doch irgendwann reifte in ihm der Entschluss: Ich muss etwas verändern. Er begann zunächst eine Entziehungskur und einige Zeit später eine Umschulung. »Das, was mir in der Zeit, als auch der Alkohol als Krücke wegfiel, den stärksten emotionalen Halt gab«, sagte er mir, »war das Wissen, wenn ich es nicht schaffe, kann ich stets bei meinen Eltern unterschlüpfen. Sie verstehen mich und mein Verhalten zwar nicht, trotzdem würden sie mich jederzeit stützen, wenn ich sie darum bitte. Allein schon dieses Wissen, dass ich nicht ganz allein bin, war für mich in dieser Situation extrem wichtig. Es war für mich der letzte Halt.«

Ich werde getragen

Beispiel 2: Vor ein paar Monaten traf ich bei einem Seminar einen Mann, der als Pilot bei einer Fluggesellschaft arbeitete. Er erzählte mir, dass er jahrelang mit seinem Arbeitgeber wegen seiner Stelle prozessiert hatte. Was war geschehen? Auf einem Flug nach London hatte sich ein Vorstandsmitglied der Gesellschaft zu ihm ins Cockpit gesetzt. Er fragte den Piloten, wie er die Mitarbeiterführung der Fluggesellschaft beurteile. Animiert durch diese Frage und die propagierte »offene Unternehmenskultur« des Unternehmens, sagte der Pilot offen seine Meinung. Der Kopf des Vorstands wurde immer röter, und als er in London das Flugzeug verließ, sagte er: »Sie können sich einen neuen Arbeitgeber suchen.« Kurze Zeit später begannen die Schikanen, die, abgekürzt, darin endeten, dass das Unternehmen dem Piloten Fluguntauglichkeit attestieren wollte. Der

Unterstützung durch andere

Pilot setzte sich zur Wehr. Jahrelang prozessierte er mit seinem Arbeitgeber. Dann wurde ihm der »goldene Händedruck angeboten«. Er sollte in den Ruhestand versetzt werden, aber trotzdem bis zum Lebensende sein Pilotengehalt bekommen. Der Pilot akzeptierte das jedoch nicht. Warum? »Dieses Klein-Beigeben hätte mein Selbstwertgefühl gebrochen.« Es folgten weitere Prozesse, die damit endeten, dass der Mann heute immer noch als Pilot für die Fluggesellschaft arbeitet. Sein Fazit jedoch: »Ohne meine Frau hätte ich diesen jahrelangen Kampf, der auch unsere finanzielle Existenz infrage stellte, nicht durchgehalten. Ohne sie hätte ich spätestens dann aufgegeben, als mir der goldene Händedruck angeboten wurde.«

Das Gefühl *»Ich werde getragen«* können wir nicht entwickeln, wenn wir uns für (selbst gewählte) Abhängigkeiten schämen.

Wenn wir uns unserer Abhängigkeiten schämen, ist weder ein Aufbau von Vertrauen noch die Verpflichtung auf ein gemeinsames Ziel möglich. Wo kein Vertrauen besteht, machen sich Gleichgültigkeit und Misstrauen breit.

Beziehungen bedeuten Abhängigkeit

Gleichgültigkeit und Misstrauen sind Gefühlszustände, die sowohl das Eingehen von Beziehungen als auch das Akzeptieren von Abhängigkeiten verhindern. »Ja« sagen zu Abhängigkeiten setzt voraus, dass wir nicht gleichgültig sind, dass wir vielmehr wissen, was wir wirklich wollen – womit wir wieder bei der Fähigkeit zur aktiven Lebensgestaltung und beim *Life-Leadership* angelangt wären.

Wer stützt Sie?

Auf welche Personen können Sie sich stützen, wenn Sie in einem der vier Lebensbereiche in eine Krise geraten?

Lebensbereich	Professionelle Unterstützung	Emotionale, »mentale« Unterstützung
Arbeit/Leistung	Beispiel: Berufsberater	Beispiel: Freunde
Sinn/Kultur	Beispiel: Seelsorger	Beispiel: Eltern
Körper/Gesundheit	Beispiel: Hausarzt	Beispiel: Partner/in
Familie/Kontakt	Beispiel: Eheberater	Beispiel: Geschwister

Analysieren Sie anhand der Liste, welche Personen Ihre wichtigsten Stützen sind? In welchen Bereichen müssen Sie noch Beziehungen aufbauen, die Sie im Falle einer Krise stützen?

Life-Leadership geht davon aus, dass sowohl unser Leistungsvermögen als auch unsere Art, auf Herausforderungen zu reagieren, mit davon abhängen, welche Rückendeckung wir zum Beispiel von Verwandten, Freunden und Bekannten erfahren; außerdem davon, wie stark wir in einem Wertesystem verankert sind. Das heißt:

Life-Leadership betrachtet den Menschen nicht als isoliertes Individuum, sondern als Teil eines sozialen Systems.

Deshalb misst das Life-Leadership-Konzept neben den Lebensbereichen »Arbeit/Leistung« und »Körper/Gesundheit« auch den Bereichen »Sinn/Kultur« sowie »Familie/Kontakt« eine sehr hohe Bedeutung bei und fordert in ihnen ein pro-aktives Handeln.

Wie wichtig diese beiden Bereiche sind, damit wir Anforderungen meistern können, weiß vermutlich jeder von uns. Je geborgener wir uns in unserem *sozialen Umfeld* fühlen, umso leistungsfähiger sind wir in unserem Beruf. Je sicherer wir sein können, dass wir von Freunden usw. getragen werden, umso mutiger und selbstbewusster können wir uns neuen Herausforderungen stellen. Je überzeugter wir von der Richtigkeit und Sinnhaftigkeit unseres Handelns sind, umso entschlossener kämpfen wir gegen Widerstände an.

Geborgenheit macht leistungsfähig

Life-Leadership basiert auf der Überzeugung, dass wir unsere menschlichen Grenzen zwar verlagern, aber nicht überwinden können. Deshalb sind unsere sozialen Beziehungen so wichtig, damit wir uns auf sie stützen können, wenn wir an unsere Grenzen stoßen.

Sich wohl fühlen

Das *Life-Leadership-Konzept* setzt voraus, dass unsere körperliche Verfassung mit beeinflusst, wie wir Herausforderungen erleben und meistern. Und dass es unser Glücksempfinden fördert, wenn wir uns in unserer Haut, das heißt in unserem Körper wohl fühlen. Selbstverständlich fällt dieses Sich-wohl-Fühlen auch nicht vom Himmel, sondern setzt eine gewisse körperliche Aktivität, eine gesundheitsbewusste Ernährung und eine Beschäftigung mit den Stoffen, die unser Leben beeinflussen – zum Beispiel Hormone, Vitamine, Spurenelemente –, voraus. Unstrittig ist auch, dass das Sporttreiben den Stressabbau fördert und unser Immunsystem stärkt. Wir alle wissen das, selbst wenn wir häufig nicht entsprechend leben.

Den Sinn in allen Bereichen erfahren

Zugleich betont *Life-Leadership*: Sinn ist nur in den drei Lebensdimensionen »Arbeit/Leistung«, »Familie/Kontakt« und Körper/Gesundheit« erfahrbar und nicht losgelöst von ihnen. Dies entspricht unserer Alltagserfahrung.

- Wenn uns unsere Arbeit keinen Spaß mehr macht und wir uns an unserem Arbeitsplatz unwohl, *überfordert* oder gelangweilt fühlen, dann stellt sich uns irgendwann die Frage nach dem Sinn des Ganzen.
- Oder wenn wir uns *einsam* und verlassen fühlen, auch dann stellt sich uns irgendwann die Sinnfrage.
- Ebenso ergeht es uns, wenn wir *krank* sind und unter Schmerzen leiden.

Umgekehrt gilt: Wenn wir

- in unserer Arbeit Erfüllung finden,
- über intakte Sozialbeziehungen verfügen und
- uns wohl in unserer Haut fühlen,

dann stellt sich uns die Frage nach dem Sinn in der Regel nicht; zumindest geraten wir nicht in eine *Sinnkrise*, die unsere Handlungsfähigkeit bedroht. Deshalb ist es sinnlos, losgelöst von den drei Lebensbereichen »Familie/Kontakt«, »Arbeit/Leistung« und »Körper/Gesundheit« nach Sinn zu suchen.

Sinn erfahren

Nur indem wir uns auf das menschliche Sein, auf unsere irdische Existenz und die Anforderungen, die sie an uns stellt, einlassen, können wir Sinn erfahren. Life-Leadership geht dabei davon aus: Menschliches Leben ist Leben in Gemeinschaft.

Eine jüdische Erzählung bringt dies treffend zum Ausdruck. »Ein alter Rabbi fragte einst seine Schüler, wie man die Stunde bestimmt, in der die Nacht endet und der Tag beginnt. ›Ist es, wenn man von weitem einen Hund von einem Schaf unterscheiden kann?‹, fragte einer der Schüler. ›Nein‹, sagte der Rabbi. ›Ist es, wenn man von weitem einen Dattel- von einem Feigenbaum unterscheiden kann?‹, fragte ein anderer. ›Nein‹, sagte der Rabbi. ›Aber wann ist es dann?‹, fragten die Schüler. ›Es ist dann, wenn du in das Gesicht irgendeines Menschen blicken kannst und deine Schwester und deinen Bruder siehst. Bis dahin ist die Nacht noch bei uns.‹«(Nefiodow 2000, Seite 188)

Zum Scheitern verurteilt sind alle Versuche, aus uns selbst heraus und aus eigener Kraft Sinn, Erfüllung und Glück zu finden, wenn wir nicht *zugleich* unser Eingebundensein in die menschliche Gemeinschaft anerkennen. Es ist falsch zu glauben, dass man völlig »unabhängig« und »frei« seine gesteckten Ziele verfolgen muss, um sich selbst zu verwirklichen und ein erfülltes Leben zu führen.

Menschliches Leben ist Leben in Gemeinschaft. Das müssen wir wieder neu akzeptieren lernen.

Kapitel 9

Sieben Basics für Ihre persönliche Balance

Balance ist der Weg und das Ziel – nur wenn wir in *Balance* leben, können wir die Herausforderungen des Lebens meistern. Wir haben die Kraft, die biografischen Brüche, mit denen wir konfrontiert werden, zu verarbeiten. Dann haben wir auch die nötige Energie und den erforderlichen Mut, um unser Leben pro-aktiv zu gestalten, sodass wir manchen Bruch vermeiden bzw. die damit verbundenen Krisen umsegeln können. Wir können ein erfülltes Leben führen.

Leben meistern

Das klingt schön. Doch wie komme ich zu einer solchen *Balance im Leben*? Patentrezepte gibt es hierfür keine. Schließlich sind wir Menschen und keine Maschinen einer Baureihe, bei der eine der anderen gleicht. Wir alle sind Unikate. Das macht das menschliche Leben so spannend und so kompliziert zugleich. Jeder von uns hat unterschiedliche Vorstellungen von Glück, Erfolg und Erfüllung. Der eine erfährt die intensivsten Glücksmomente, wenn er zu Hause mit seinen Kindern spielt. Den anderen durchfluten Glücksgefühle, wenn er in einem Konzertsaal einer Symphonie lauscht. Der eine fühlt sich am wohlsten, wenn er am Arbeitsplatz »Routineaufgaben« erfüllen kann,

Balance im Leben: Glück und Erfüllung

bei denen er vorab weiß: Dafür bin ich der Fachmann. Den anderen packt bei solchen Aufgaben die Ungeduld. Voller Begeisterung stürzt er sich aber auf neue Aufgaben, von denen er zu Beginn nicht weiß, ob er sie letztlich meistern kann. Jeder muss für sich selbst die Frage beantworten: Worin besteht für mich die Balance im Leben? Doch lassen sich einige grundlegende Voraussetzungen dafür formulieren, wie wir Balance im Leben und damit Glück und Erfüllung finden.

Regel 1: Die Balance in unserem Leben fällt nicht vom Himmel. Wir müssen sie selbst herstellen.

Balancing als Prozess

Jeder weiß aus eigener Erfahrung, dass unser Leben ab und an für einen kürzeren oder längeren Zeitraum aus dem Gleichgewicht gerät. Ebenso ist es bei unseren Freunden, Verwandten und Bekannten. Dabei können die Anlässe sehr unterschiedlich sein. Handelt es sich um greifbare Krisen wie eine Erkrankung, den Tod einer uns nahe stehenden Person oder um den Verlust des Arbeitsplatzes, dann können wir oft noch relativ leicht Strategien entwickeln, um sie zu bewältigen. Schließlich ist uns ihr Anlass bekannt. Folglich wissen wir meistens auch, wo wir den Hebel ansetzen müssen.

Sinnkrise

Der *Verlust der Lebensbalance* ist aber häufig auch ein *schleichender Prozess*. Irgendwann überkommt uns das latente Gefühl: Mit meinem Leben stimmt etwas nicht. Und dieses Gefühl wird immer stärker. Allmählich schlittern wir so in eine *Sinnkrise*, aus der wir uns oft nur schwer befreien können. Aus zwei Gründen: Zum einen gewöhnen wir uns daran, mit unserem Unbehagen zu leben. Denn gerade weil der Balance-Verlust schleichend verläuft, zwingt er uns nicht unmittelbar zum Reagieren. Deshalb verharren wir oft zunächst statisch, wodurch wir tiefer in die Krise geraten.

Zum anderen können wir bei diesen Krisen oft keine konkrete *Ursache* benennen. Entsprechend schwer können wir entscheiden, wie wir gegensteuern können. Dann ist es an der Zeit, unser Leben zu entschleunigen und uns eine Auszeit zu nehmen, um uns wieder der zentralen Frage zu stellen: *Was ist mir wirklich wichtig?* Niemand sollte sich scheuen, sich in einer solchen Situation professioneller Hilfe zu bedienen.

Auszeit nehmen

Auszeit

Ergänzen Sie die Liste mit eigenen Beispielen.

Signale dafür, dass Sie sich mal wieder eine Auszeit nehmen sollten
• Schlafprobleme
• Herzschmerzen
• Freunde ziehen sich zurück
• Innere Unruhe
• Unkonzentriertheit
• Innere Leere
• Sich häufig fragen: »Was soll das Ganze?«
•
•
•
•
•
•

Regel 2: Wenn wir die gewünschte Balance in unserem Leben herstellen oder aufrechterhalten möchten, müssen wir wissen, was uns wirklich wichtig ist.

Diese Frage können viele Menschen nur schwer beantworten. Mancher kann zwar sagen, was er sich wünscht, zum Beispiel ein schönes Haus, ein großes Auto oder einen tollen Job. Doch hier bewegen wir uns auf der Ebene der oberflächlichen *Wünsche*. **Wünsche** Die Frage, was uns wirklich wichtig ist, zielt auf eine tiefere Ebene. Sie fragt danach, warum wir bestimmte Dinge haben möchten und von welchen Bedürfnissen unsere Handlungen getrieben bzw. gesteuert werden – es geht also um die Werte in unserem Leben. Ein schönes Haus wollen zum Bespiel viele Menschen haben, weil sie sich ein Zuhause und Geborgenheit wünschen. Nach einem guten Job streben wir, weil wir uns (finanzielle) Sicherheit wünschen oder weil wir unsere Fähigkeiten austesten möchten.

Die *Motive*, warum wir uns bestimmte Dinge wünschen, können sehr verschieden sein. Relativ leicht fällt uns noch die Antwort: Ich möchte ein schönes Haus haben, weil ich mir ein Zuhause und Geborgenheit wünsche. Doch was bedeutet es für Sie, ein Zuhause zu haben und Geborgenheit zu empfinden? **Motive** Wenn Sie diese Frage beantworten möchten, werden Sie schnell merken: Dabei spielen meine Beziehungen zu anderen Menschen eine wichtige Rolle. Ebenso ist es, wenn Sie eine Antwort auf die Frage suchen: Was bedeutet für mich Sicherheit? Dann stellen Sie schnell fest: Um diese Fragen zu beantworten, muss **Sicherheit** ich mein Leben und meine Bedürfnisse analysieren. Sie fragen sich: Wann fühle ich mich sicher? Wenn auf meinem Konto 100 000 Euro oder eine Million Euro liegen? Wenn ich einen Partner habe, von dem ich weiß, dass er zu mir steht? Wenn mein Chef mir täglich sagt: Ohne Sie müsste ich meinen Laden schließen? Sie sehen: Das Beantworten der Fragen »Was bedeutet für mich Sicherheit?« sowie »Wann fühle ich mich sicher?« ist nicht leicht.

Vier Wünsche frei

Notieren Sie für jeden Lebensbereich Ihren größten Wunsch und worin sich für Sie zeigen würde, dass er erfüllt ist.

Ihr größter Wunsch	Worin zeigt sich, dass er erfüllt ist?
Körper/Gesundheit	
Arbeit/Leistung	
Familie/Kontakt	
Sinn/Kultur	

Beim Versuch zu ermitteln, was Ihnen *wirklich wichtig* ist, werden Sie zudem schnell feststellen: Irgendwie hängt das alles zusammen. Was nutzt mir der beste Job mit einem riesigen Gehalt, wenn ich morgen gesundheitliche Probleme habe? Oder was nutzt mir der beste Job, wenn ich morgen in eine Sinnkrise gerate, weil mein soziales Umfeld nicht stimmt? Dann ist auch meine Sicherheit dahin. Hieraus ergibt sich die nächste Regel.

Regel 3: Die Antwort auf die Frage »Was ist mir wirklich wichtig?« muss alle vier Lebensbereiche umfassen.

Leben als Einheit

Das Beantworten der Frage »*Was ist mir wirklich wichtig?*« ist deshalb so schwer, weil die Antwort alle vier Lebensbereiche umfassen muss. Dies setzt nämlich voraus, dass wir unser Leben als eine Einheit und einzelne Lebensbereiche nicht isoliert betrachten. Doch diese einseitige Sicht auf die Dinge besitzen sehr viele Menschen. Sie können zwar für einen Bereich – meist die Dimension »Beruf/Leistung« oder »Familie/Soziales« – für sich eine Antwort formulieren, für die anderen Bereiche aber nicht. Deshalb gerät ihr Leben irgendwann in Schieflage.

Leistungssportler und Manager

Deutlich zeigt sich das zum Beispiel bei vielen *Leistungssportlern*. Sie haben für den Bereich »Arbeit/Leistung« stets klare Ziele. »Ich will Europameister, ich will Weltmeister werden«; »Ich will Stammspieler beim FC Bayern München werden.« Diesen Zielen opfern sie oft auf lange Sicht nicht nur ihre Gesundheit, auch die anderen Lebensbereiche verkümmern. Viele fallen deshalb in ein tiefes Loch, wenn ihre Profikarriere zu Ende geht. Manchmal benötigen sie dann Jahre, bis sie sich wieder gefestigt haben, weil sie zuvor ihr Leben und sich selbst ausschließlich über den Bereich »Arbeit/Leistung« definierten. Ähnlich verhält es sich bei vielen *Managern*. Mancher von ihnen spürt irgendwann: Nun stehe ich zwar an der Spitze, aber glücklich und zufrieden bin ich nicht. Aber auch viele Hausfrauen kennen das, wenn sie ihr Leben jahrelang über ihre Kinder definierten und dann mit Schrecken feststellen: Meine Kinder sind erwachsen; sie brauchen meine Unterstützung nicht mehr. Auch sie benötigen oft viele Jahre, um wieder Balance in ihrem Leben zu finden.

Bedeutung und Aufwand

Notieren Sie in der Grafik (prozentual), welche Bedeutung Sie den einzelnen Lebensbereichen für Ihren Lebenserfolg beimessen und wie viel Zeit Sie im Schnitt real dafür aufwenden.

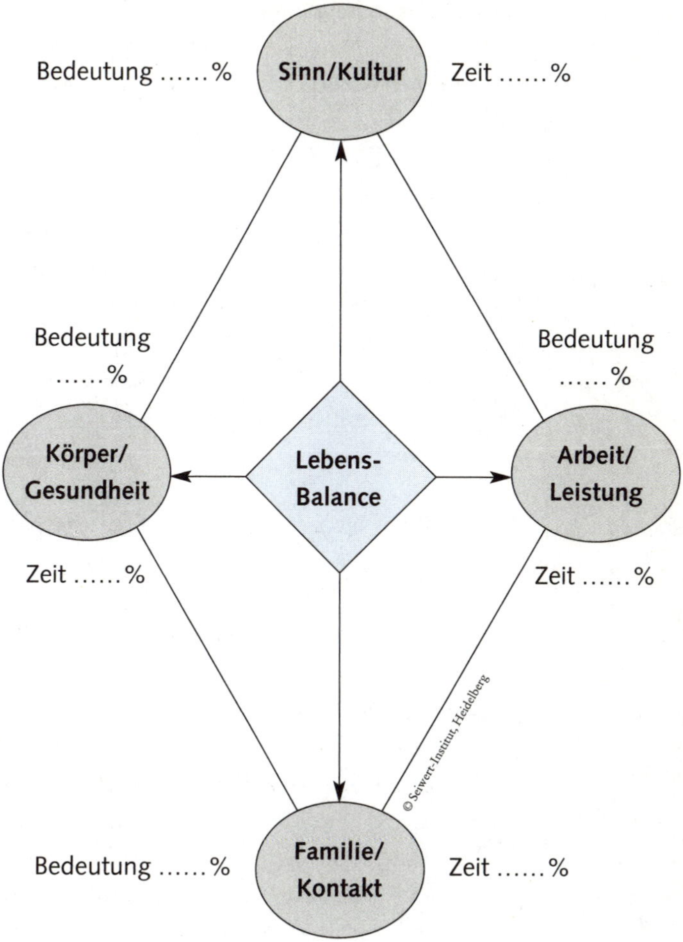

Regel 4: Die Suche nach der Antwort auf die Frage »Was ist uns wirklich wichtig?« erfordert Zeit.

Zeit nehmen

Diese Frage können wir nicht beantworten, indem wir uns zwischen zwei Terminen, wenn wir gerade nichts Besseres zu tun haben, hinsetzen und uns fragen: Was ist mir wirklich wichtig? Dafür müssen wir uns regelmäßig *aus der Hektik des Alltags zurückziehen* und in uns hineinhorchen, bis wir sozusagen unsere innere Stimme hören. Aus folgendem Grund: Wenn wir uns fragen, was uns wirklich wichtig ist, fragen wir nach unseren innersten Bedürfnissen und nach den Motiven, die unser Denken und Handeln leiten (sollen). Diese sind aber unlösbar mit unserer Wahrnehmung und damit, wie wir die Welt erleben, verbunden. Deshalb können wir die Frage »Was ist uns wirklich wichtig?« nicht rein mit unserem rationalen Denken beantworten. Vielmehr müssen wir die Antwort erspüren. In uns muss sozusagen ein Bild, eine Vision von unserem künftigen Leben wachsen.

Regel 5: Um die Frage »Was ist mir wirklich wichtig?« beantworten zu können, brauchen wir eine Vision von unserem (künftigen) Leben.

Diese Vision fällt nicht vom Himmel. Sie entsteht nur, wenn wir uns Zeit zum Träumen nehmen. Das klingt romantisch; das ist es aber nicht. Der Philosoph Ernst Bloch unterscheidet zwischen dem Tagtraum und dem Nachttraum. Der *Nachttraum* ist rückwärts gewandt. In ihm verarbeiten wir unsere Erlebnisse in der Vergangenheit. Ihn können wir nicht bewusst steuern. Unsere *Tag-*

Wege, wie Sie sich von der Alltagshektik befreien können

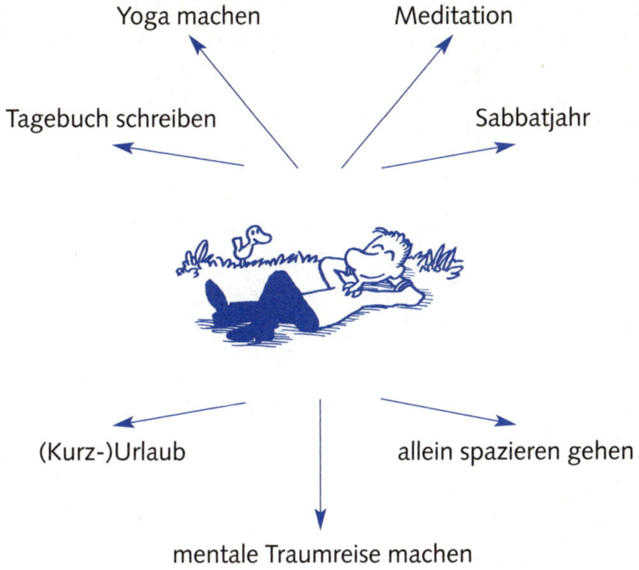

Lebensvision entwickeln

träume hingegen sind zukunftsorientiert. In ihnen träumen wir nicht mit »geschlossenen«, sondern mit »offenen« Augen und mit wachen Sinnen. In Tagträume können wir uns gezielt hineinversetzen und können sie auch steuern. Solche Tagträume sind äußerst hilfreich, wenn wir die Balance in unserem Leben finden und aufrechterhalten möchten. Sei es, indem wir uns an unseren Schreibtisch setzen und unsere Gedanken sowie Assoziationen gezielt niederschreiben, indem wir uns zurückziehen und meditieren oder indem wir im Wald oder am Strand spazieren gehen. Welche Methode sich für Sie *am besten eignet*, müssen Sie *selbst herausfinden*.

Meditation

Anleitung zum Tagträumen

Begeben Sie sich in eine ruhige, wohlige Umgebung, wo Sie ungestört sind. Hören Sie, falls Sie dies wünschen, eine ruhige Musik und machen Sie einige Entspannungsübungen, bis der Alltagsstress allmählich von Ihnen weicht. Machen Sie dann eine Traumreise durch Ihren Körper. Konzentrieren Sie Ihre Gedanken zunächst auf Ihre Zehen. Versuchen Sie zu spüren, wie das Blut in ihnen pulsiert und sich allmählich eine wohlige Wärme in ihnen ausbreitet. Konzentrieren Sie sich als Nächstes auf Ihre Füße, dann auf Ihre Beine und so weiter, bis Sie bei Ihrem Kopf angelangt sind und in Ihrem ganzen Köper eine wohlige Wärme spüren. Denken Sie dann an Ihren besten Freund oder an eine andere Ihnen wichtige Person. Malen Sie sich in Gedanken aus, was Sie am liebsten mit ihm/ihr tun würden. Wo sind Sie? Welche Kleidung trägt Ihr(e) Freund(in)? Was machen Sie gemeinsam? Wie schauen Sie sich an? Wie gehen Sie miteinander um? Malen Sie sich alles in konkreten Bildern aus. Lassen Sie dann, falls gewünscht, eine weitere Ihnen wichtige Person hinzukommen. Malen Sie sich die Situation erneut aus. Lassen Sie eventuell weitere Personen auftauchen, die vielleicht gar nicht existieren oder die Sie nur vage kennen, aber gern näher kennen lernen möchten. Was tun Sie gemeinsam? Dehnen Sie dann Ihren Gedankenkreis aus. Zum Beispiel auf Ihre Wohnung oder Ihre Arbeit. Stellen Sie sich vor, wie Sie sich im Büro bewegen. Nicht real, sondern dann, wenn alles so wäre, wie Sie es sich wünschen. Träumen Sie sich den idealen Chef, die idealen Kollegen. Wie gehen Sie mit Ihnen um? Welche Arbeiten verrichten Sie? Betrachten Sie in Gedanken Ihren Körper. Wie aufrecht stehen Sie da? Welche Ausstrahlung haben Ihre Augen? Träumen Sie solche Träume regelmäßig. Dann entdecken Sie Lieblingsbilder oder Lieblingsszenen. Durch sie wird Ihnen zunehmend klar, was Ihnen wirklich wichtig ist.

Wenn wir regelmäßig »tagträumen«, wird unsere Lebensvision stets konkreter. Denn wenn wir regelmäßig solche Tagträume träumen, entsteht in unserem Kopf ein immer konkreteres und klareres Bild von unserem künftigen Leben. Aus diesem Bild können wir dann ableiten, was uns wirklich wichtig ist – bezogen auf alle vier Lebensbereiche. Wissen wir dies, können wir uns wiederum fragen: Was muss ich tun, damit ich diese Situation bzw. das alles erreiche? Welche Hindernisse stehen dem im Weg und muss ich beseitigen. Das heißt, wir gelangen so allmählich auf die Ebene der konkreten Handlungsschritte. Diese können wir wiederum mithilfe eines gezielten Zeit- und Selbstmanagements planen, sodass wir uns Schritt für Schritt unserer Vision nähern und die gewünschte Balance in unserem Leben erreichen.

Regelmäßig tagträumen

Regel 6: Das Realisieren unserer Lebensvision und die Suche nach der Balance im Leben ist ein Prozess des »Bewusst-Werdens«.

Unsere Lebensvision beruht auf unserem Glaubenssystem. Es setzt sich aus den *Wertvorstellungen* zusammen, die wir im Verlauf unseres Lebens entwickeln. *Und unsere Ziele müssen mit unseren Werten übereinstimmen.* Ansonsten bleiben sie leere Worthülsen – die wir irgendwann nicht mehr weiterverfolgen. Nur wenn wir von dem, was wir uns vornehmen, auch beseelt sind, werden wir darin aufgehen und erreichen, was wir wollen.

Lebenswerte verändern sich

Je sensibler Sie für Ihre innere Stimme werden, desto besser erkennen Sie Ihre *Werte*. Schauen Sie beispielsweise genau auf Ihre Tagträume, dann werden Ihnen immer wieder dieselben Glaubenssätze begegnen. Im Folgenden biete ich Ihnen einige solcher Werte an. Prüfen Sie für sich, aus welchen Wert-Bausteinen Ihr eigenes *Glaubenssystem* aufgebaut ist.

Persönliche Werte

Beispiel, wie Sie eine Vision in konkrete Schritte umsetzen

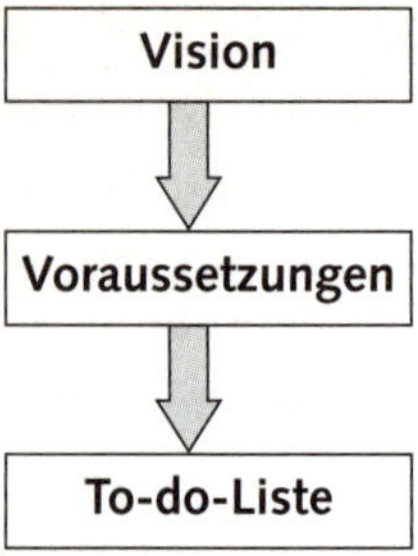

Ich will als 50-Jährige/r körperlich ähnlich fit sein wie heute als 35-Jährige/r

- ☐ Gesunde Ernährung
- ☐ Nicht rauchen
- ☐ Ausreichend körperliche Bewegung
- ☐ Wenig (Dauer-)Stress

Maßnahmen	Hindernisse beim Umsetzen	Wie beseitigen/ umgehen
Rauchen stoppen	Sucht	• Nikotinpflaster kaufen; Kaugummi kauen • Nicht mehr in der Wohnung rauchen
Alkoholkonsum reduzieren	Gewohnheit/ Lust auf Bier	• Nur noch einzelne Bierflaschen kaufen, um Vorrat zu reduzieren
Ernährung umstellen	Einkauf Ernährungsgewohnheiten des Lebenspartners	• Auf Wochenmarkt mehr Gemüse kaufen • Mit Lebenspartner sprechen; Ernährung abstimmen
Zwei- bis dreimal wöchentlich Ausdauersport treiben	Zeitmangel Eigene Trägheit	• Ehrenamt aufgeben; Termine fest einplanen • Joggingpartner suchen
Überflüssigen Stress vermeiden; gezielter Stressabbau	Nicht wissen, wie Arbeitsmenge	• Stressmanagement-Seminar besuchen • Besseres Zeitmanagement; mehr Aufgaben delegieren
Einmal jährlich Gesundheit checken lassen	Vergessen	• Bei Check-up bereits Folgetermin vereinbaren

Kennen Sie Ihre Werte?

Diese beispielhafte Auflistung unterschiedlicher Werte möchte Ihnen eine Idee geben, woraus sich Ihr Glaubenssystem zusammensetzen könnte:

- beruflicher Erfolg
- religiöse Überzeugungen
- Offenheit
- persönliche Freiheit
- Erfolg und Leistung
- Gewinner sein
- glückliche Familie
- Kinder auf das Leben vorbereiten
- ordentliches Zuhause
- soziales Engagement
- großer Freundeskreis
- finanzielle Freiheit
- Selbstzufriedenheit
- politisches Interesse
- Seelenfrieden
- Glaubwürdigkeit
- harmonische Partnerschaft
- etwas Sinnvolles tun
- kreativ sein
- Bedürftigen dienen
- Gesundheit ausstrahlen
- ein Führer/Vorbild sein
- ein guter Zuhörer sein
- intellektuelles Wachstum
- Aufrichtigkeit
- Toleranz
- künstlerisch wirken
- guter Teamplayer
- gute/r Mutter/Vater sein
- eine Entdeckung machen

Regel 7: Wir müssen den »roten Faden« in unserem Leben finden. Nur dann können wir unsere Identität wahren.

Leitlinie finden

Mithilfe unseres Wertesystems erkennen wir mehr und mehr den roten Faden in unserem Leben. Damit schaffen wir für uns selbst die Voraussetzungen, Rückschläge und Krisen zu überwinden bzw. durch pro-aktives Handeln zu vermeiden. Nur so können wir unsere Identität und unsere Integrität wahren.

Beispiel 1: Einer meiner Bekannten studierte Ende der achtziger Jahre Elektrotechnik. Nach Studienabschluss fand er trotz seines Prädikatsexamens über ein Jahr lang keine Arbeit, weil Elektroingenieure in der Wirtschaft nicht gefragt waren. Dann wurde ihm eine Stelle in der Atomindustrie angeboten. Er nahm die Stelle an, obwohl er ein überzeugter Atomkraftgegner war, und durchlief in dem Unternehmen ein Trainee-Programm, bei dem er wegen seiner Leistungen von seinen Vorgesetzten stets positiv beurteilt wurde. Alles sah nach einer Bilderbuchkarriere aus. Nach etwas mehr als einem Jahr verkündete mein Bekannter jedoch plötzlich für all seine Freunde und Verwandten überraschend: Ich kündige. Und das, obwohl er keine neue Stellung hatte. Die meisten seiner Freunde und Verwandten versuchten, ihn umzustimmen. »Eine solche Chance darfst du nicht wegwerfen«, sagten sie. Endgültig für verrückt erklärten sie ihn, als sie seine Begründung hörten. Sie lautete: Für mich ist die Atomwirtschaft eine Bedrohung der Menschheit. Deshalb kann ich meine Lebensenergie nicht darauf verwenden, sie zu unterstützen. Wenn ich weiterhin dort arbeite, verliere ich meine Selbstachtung. Trotz allen Gegenredens, doch noch ein, zwei Jahre zu warten und dann in eine andere Branche zu wechseln, kündigte der junge Mann. Und das, obwohl dieser Entschluss für ihn bedeutete, sich als 31-Jähriger ohne Unterstützung eine neue berufliche Perspektive aufzubauen.

Authentizität entwickeln

Dies soll kein Plädoyer gegen die Atomenergie sein. Über sie kann man unterschiedlicher Auffassung sein. Trotzdem kann mein Bekannter als Beispiel gelten. Er erkannte instinktiv: Wenn ich diese Entscheidung nicht treffe, werde ich mein Leben lang Probleme mit der Sinnebene haben. Dies wird sich auf Dauer auf meine Leistung, meine sozialen Kontakte und letztlich auch auf meine Gesundheit auswirken. Deshalb traf er die Entscheidung

Konsequenzen tragen

und verzichtete auf die gute Stelle und damit auch auf bestimmte Karrieresprünge. Wichtiger war ihm, dass er sich selbst ins Gesicht blicken kann. Mein Bekannter hat diese Entscheidung nie bereut, obwohl für ihn anschließend einige harte Jahre folgten. Er ist vielmehr noch heute stolz darauf, dass er sich dieser Entscheidung stellte und bereit war, die daraus resultierenden Konsequenzen zu tragen.

Wie wichtig dies ist, will ich an einem weiteren Beispiel illustrieren.

Beispiel 2: Vor einigen Jahren kannte ich einen evangelischen Pfarrer, der nach eigenen Aussagen primär Theologie studierte, weil er aus einem religiösen Elternhaus kam. Während seines Studiums stellte er jedoch fest, dass er nicht mehr an den christlichen Gott glauben konnte, auch wenn er weiterhin überzeugt war, dass so etwas wie ein Gott existiert. Nachdem er das Examen in der Tasche hatte, stand er vor der Entscheidung: Mache ich etwas ganz anderes oder werde ich Pfarrer? Er entschied sich für Letzteres. Aus Bequemlichkeit, wie er selbst sagte. Anfangs überkam ihn das Gefühl, einen roten Kopf zu bekommen, wenn er sonntags in der Kirche zum Beispiel das »Vaterunser« betete. Er empfand sich nur als »schlechten Schauspieler«. Doch dieses Gefühl legte sich mit der Zeit. Der Pfarrer arrangierte sich mit seinem Job. Er wurde jedoch immer zynischer und äußerte sich über sich selbst und sein Verhalten nur noch voller bissiger Selbstironie. Denn die einzige Konstante, die er in seinem Leben erkennen konnte, war, dass er vor schwierigen Entscheidungen stets davongelaufen war. Der Rest ist schnell erzählt. Irgendwann begann er mit dem Trinken. Seine Frau

Vor Entscheidungen drücken

trennte sich von ihm, weil sie seine zynische Lebenshaltung nicht mehr ertragen konnte. Er selbst erzählt noch heute der lieben Gemeinde vom lieben Gott und vom Himmelreich. Und abends ertränkt er sein Selbstmitleid in mehreren Flaschen Rotwein.

Das Beispiel zeigt uns: Wenn wir nicht zu unseren *inneren Werten* stehen und wenn wir keine *Vision* von unserem Leben entwickeln, besteht die Gefahr, dass wir unsere Identität, Integrität und Glaubwürdigkeit verlieren. Dann lassen wir eine Entscheidungssituation nach der nächsten verstreichen, ohne dass wir die für ein erfülltes Leben nötige Richtung einschlagen. Und immer haben wir hierfür »gewichtige« Gründe. »Erst muss ich meinen Studienabschluss machen.« »Erst muss ich den Berufseinstieg schaffen.« »Erst muss ich das Häuschen abbezahlen.« »Erst müssen die Kinder aus dem Haus sein.« »Erst muss ich 100 000 Euro gespart haben.«

Je häufiger und je länger wir uns vor der Lebensfrage *»Was ist mir wirklich wichtig?«* und ihren Konsequenzen drücken, umso geringer wird in unseren eigenen Augen unsere Glaubwürdigkeit und umso zynischer wird unsere Haltung uns selbst gegenüber. Doch wenn wir uns der Frage *»Was ist mir wirklich wichtig?«* stellen und bereit sind, die sich aus den Antworten ergebenden Konsequenzen zu tragen, dann wahren wir unsere Integrität. Dann wachsen unser Selbstbewusstsein, unser Selbstwertgefühl und unsere Entschlusskraft, und es gelingt uns leichter, schwierige Situationen zu meistern.

Integrität wahren

Wenn wir unsere Identität und Integrität bewahren möchten, müssen wir unsere Werte (er-)kennen, uns den wirklich wichtigen Entscheidungen stellen und lernen, »Ja« und »Nein« zu sagen. Außerdem müssen wir bereit sein, die Konsequenzen unserer Entscheidungen zu tragen.

Kapitel 10

Ja sagen heißt auch Nein sagen

Unsere moderne Gesellschaft bietet uns viele Wahlmöglichkeiten und macht uns das *Entscheiden* schwer. Stets haben wir Angst, etwas zu versäumen. Oft versuchen wir, uns möglichst viele Optionen offen zu halten. Gern übersehen wir, dass jedes *Nicht-Entscheiden* letztlich auch eine Entscheidung dafür darstellt, unser Leben nicht aktiv zu gestalten.

Entscheidungen treffen

Die *Notwendigkeit, uns entscheiden zu müssen*, durchzieht unser ganzes Leben.

> Jeder von uns hat nur für eine begrenzte Zahl von Dingen Zeit. Folglich müssen wir eine vernünftige Wahl treffen, was wir mit unserer Zeit anfangen möchten.

Sich entscheiden können

Wir können nicht an zehn Orten zugleich Ski fahren. Also müssen wir uns *entscheiden*. Wir können nicht mit allen Menschen befreundet sein. Also müssen wir uns *entscheiden*. Wir können

nicht jeden Tag schlemmen und zugleich abnehmen wollen. Also müssen wir uns *entscheiden.*

Das heißt: Wir können nicht alle unsere Wünsche und spontanen Bedürfnisse (gleichzeitig) befriedigen, denn sie lassen sich oft nur schwer vereinen. Entsprechendes gilt für die Anforderungen, die die vier Lebensbereiche an uns stellen. Auch sie lassen sich häufig nur schwer vereinbaren. So scheitert jeder fast automatisch, will er zugleich ein erfülltes Familienleben führen und eine Topkarriere machen, die eine 70-, 80-Stunden-Woche erfordert. Nicht zufällig befasst sich das *manager magazin* alle Jahre wieder mit dem Thema *»Warum Managerehen scheitern«*. In einem dieser Artikel heißt es zum Beispiel:

Managerehen

»Unter den Führungskräften wird die Gruppe derer, die wirklich einen Bund fürs Leben geschlossen haben, zunehmend kleiner. Und es sind nicht nur Soziologen oder Psychologen, die angesichts der Entwicklung von Automatismen sprechen und von logischer Konsequenz. Auch die immer gleichen Geschichten derer, die ihren persönlichen Bankrott erzählen, lassen auf eine Unternehmenswelt schließen, in der privates und berufliches Glück auf Dauer unvereinbar erscheinen. Ist die familiäre Tragödie also der Preis für Karrieren? Kann der Ehrgeizige Vaterfreuden und eine harmonische Beziehung tatsächlich erst genießen, wenn er an der Spitze der Hierarchie angelangt ist, seine besten Jahre hinter sich hat und die langjährige Gefährtin für die Jüngere verlässt?« (*manager magazin* 9/1999, Seite 210)

Die Zahl der *geschiedenen Managerehen* steigt kontinuierlich. Jeder zweite deutsche Manager, so eine Schätzung, kann heute beim Thema Scheidung mitreden. Dabei stehen am Anfang der gescheiterten Beziehungen meist gute Vorsätze. Doch dann beginnt die Tretmühle. Und stets lautet dabei die Devise: »Job first.« Erst die Arbeit und dann die Familie. Selbstverständlich soll diese Devise nic auf Dauer gelten, sondern nur für eine begrenzte Zeit: bis die nächste Beförderungsstufe erreicht ist, bis im Wohnzimmer statt der IKEA-Möbel Mahagonimöbel stehen, bis das Haus abgezahlt ist usw. »So leben sie zehn, manchmal zwanzig Jahre nebeneinander her. Jeder in seiner Welt, die sie an jeden Ort, an den sie die Firma geschickt hat, mitgenommen haben. Die Kinder werden aufmüpfig und erwachsen, die Titel auf seiner Visitenkarte klingen wichtiger, zu Hause ändert sich aber nichts.« (*manager magazin* 9/1999, Seite 211)

Geschiedene Managerehen

Die Lebenspartner leben nebeneinander her, bis der inzwischen grau melierte Manager eine zwanzig Jahre jüngere Assistentin oder die Dame des Hauses einen jugendlichen Golflehrer trifft. Automatismus? Das *manager magazin* schreibt hierzu: »Ein Chef, der Prioritäten zu setzen weiß und der sich im Beruf durchorganisiert, sollte auch einsehen können, dass es eine Balance zwischen den beiden Welten geben muss und dass die nur mit bewusster Planung herzustellen ist.« Wenige Zeilen weiter stellt das Magazin aber resignierend fest: »Es mögen Personalchefs noch so viele familienfreundliche Karrieremodelle anführen und enthusiastisch von Teilzeit, Telearbeit oder Sabbaticals schwärmen. Wer es im Konzern zu etwas bringen will, muss sich entscheiden: Erfolg oder Familie.« (*manager magazin* 9/1999, Seite 218 ff.)

Erfolg oder Familie?

Damit wir nicht in solche scheinbaren Automatismen verfallen, müssen wir uns rechtzeitig fragen »*Was ist mir wirklich wichtig?*«, und anschließend aus der Antwort die nötigen Entscheidungen und Schritte ableiten. Dies ist oft nicht einfach, weil mit jeder Entscheidung für eine Sache eine Entscheidung gegen

Verzichten: ja oder nein?

mindestens eine andere verbunden ist. Mit jeder Entscheidung geht ein Verzicht einher. Dieser *Verzicht* kann wie folgt aussehen:

- Ich verzichte auf mehrere Karriereschritte, um mehr Zeit für meine Familie und meine Freunde zu haben.
- Ich verzichte auf den regelmäßigen Besuch eines Fitnessstudios, um mich weiterzubilden.
- Ich verzichte auf den Kauf einer Wohnung, um meine finanzielle Belastung niedrig zu halten und mehr Freizeit zu haben.

Lebensprioritäten setzen

Jede dieser Entscheidungen ist weder richtig noch falsch. Welche Entscheidung für uns richtig oder falsch ist, hängt davon ab, was uns wichtig ist und *wie wir die Prioritäten in unserem Leben gesetzt haben*. Kein Weg führt jedoch am Ja-sagen und Nein-sagen und damit an einem bewussten Verzicht vorbei – zumindest, wenn wir unser Leben pro-aktiv gestalten möchten.

Dies zu akzeptieren, fällt vielen schwer. Sie haben Angst, das meiste, das Wichtigste, das Schönste oder das Beste zu versäumen. Die Angst, etwas zu versäumen, wird geradezu zum peinigenden Grundgefühl ihres Lebens. Befriedigung verspräche in diesem Kontext nur ein Zeitbudget, bei dem wir alle Möglichkeiten, die die Welt uns bietet, in einem Leben nutzen könnten. »Doch die Welt ist in einem Leben nicht zu schaffen. So verbleibt den von Welthunger und Lebensgier Getriebenen bloß die Möglichkeit, die Lebensbilanz zu verbessern. Die genutzten Gelegenheiten sollen die verpassten in den Schatten stellen.« (Baeriswyl 2000, Seite 58)

Leichte Entscheidungen – schwere Entscheidungen

Welche Entscheidungen in Ihrem Leben fallen Ihnen leicht?
Welche bereiten Ihnen Schwierigkeiten?

Leichte Entscheidungen
Körper/Gesundheit
Arbeit/Leistung
Familie/Kontakt
Sinn/Kultur

Schwere Entscheidungen
Körper/Gesundheit
Arbeit/Leistung
Familie/Kontakt
Sinn/Kultur

In welchem/n Lebensbereich/en fallen Ihnen Entscheidungen besonders schwer, in welchem/n besonders leicht?

Zeit gewinnen – wofür?

Also heißt es: Gas geben. Was dem Leben an Länge fehlt, soll durch Intensität, Leidenschaft und Schnelligkeit wettgemacht werden. Ständig befinden sich die vom Lebenshunger Getriebenen auf Hochtouren und auf der Überholspur. Durch alle möglichen Zeitspartechniken und Kniffe zur Selbstbeschleunigung versuchen sie Zeit zu gewinnen, um mehr vom Leben und von der Welt zu haben.

Wer sich nicht entscheidet, wer nicht weiß, was er will, wer keine *Prioritäten* setzt, verliert zwangsläufig die *Balance* im Leben. Dabei ist es gar nicht so schwer, sich zu entscheiden, denn:

Je öfter wir uns überlegen, was uns wirklich wichtig ist, und je häufiger wir uns entscheiden, umso leichter fallen uns alle künftigen Entscheidungen.

Innerer Kompass

Mit der Zeit wird nämlich unsere Lebensvision konkreter. Auch die *Werte*, von denen wir uns leiten lassen, werden uns bewusster. In uns entwickelt sich eine Art Leitlinie bzw. ein innerer Kompass, der uns durchs Leben führt. Außerdem wächst mit jeder getroffenen Entscheidung unser Mut, uns neuen Entscheidungen und damit Herausforderungen zu stellen. Das heißt:

Mit jeder wirklich wichtigen Entscheidung, die wir treffen und umsetzen, wächst unsere Entscheidungsfähigkeit und unsere Fähigkeit, pro-aktiv zu handeln. Umso größer wird die Wahrscheinlichkeit, dass wir die rechte Balance in unserem Leben wahren können.

Hauptursachen

Kreuzen Sie in der Liste an, was die Hauptursachen dafür sind, dass Ihnen Entscheidungen schwer bzw. leicht fallen. Ergänzen Sie die Listen.

Warum fallen Ihnen Entscheidungen schwer?
☐ Ich kann nicht »Nein« sagen.
☐ Ich kann nicht verzichten.
☐ Ich weiß nicht, was ich will.
☐ Mir fehlen Informationen.
☐ Ich bin zu bequem.
☐ Ich habe Angst vor Konflikten.
☐ Ich kann die Folgen nicht abschätzen.
☐
☐
☐
☐

Warum fallen Ihnen Entscheidungen leicht?
☐ Ich kann gut »Nein« sagen.
☐ Ich kann verzichten.
☐ Ich weiß, was ich will.
☐ Ich habe genügend Informationen.
☐ Ich habe keine Angst, Verantwortung zu übernehmen.
☐ Ich habe keine Angst vor Konflikten.
☐ Ich kann die Folgen gut abschätzen.
☐
☐
☐
☐

Kapitel 11

Unterschiedliche Schwerpunktsetzung je nach Lebensphase

Die *Balance* in unserem Leben muss immer wieder hergestellt werden – unter anderem, weil sich unsere Vorstellung von einem erfüllten Leben im Laufe unseres Lebens wandeln. Dabei gilt es jedoch zu beachten:

In manchen Lebensphasen erfordern es die an uns gestellten Anforderungen, dass wir uns auf einen bestimmten Lebensbereich konzentrieren. Wir müssen ihm eine größere Beachtung als den anderen schenken.

Dies gilt zum Beispiel für die Phase des *Berufseinstiegs*. Hier müssen wir den Fokus, zumindest wenn wir beruflich erfolgreich starten möchten, in Richtung »Arbeit/Leistung« verschieben. Ebenso ist es, wenn wir beispielsweise von Arbeitslosigkeit bedroht sind oder einen Stellenwechsel vollziehen müssen.

Ein Beispiel: Vorausgesetzt, wir wollen Karriere machen, dann ist es wenig erfolgversprechend, gerade während der Zeit, in der es im Unternehmen Engpässe gibt, regelmäßig zu sagen: »Heute habe ich leider keine Zeit. Ich muss zum Tenniskurs« oder: »Ich wollte eigentlich heute Abend mit einem Freund essen gehen.« Dann können wir die gewünschte Beförderung vermutlich abhaken, denn letztlich signalisieren wir durch unser Verhalten: Eigentlich ist mir etwas anderes wichtig. Wenn wir auf eine Beförderung hinarbeiten, müssen wir daher dem Bereich »Arbeit/Leistung« den Vorrang gegenüber dem Bereich »Familie/Kontakt« einräumen.

Fokus in unterschiedlichen Lebensphasen

Ähnlich ist es, wenn wir Vater oder Mutter werden. Dann verschiebt sich unser Fokus fast automatisch in Richtung des Lebensbereichs »Familie/Kontakt« – zumindest wenn wir uns auf den Nachwuchs gefreut haben und wir von ihm mehr mitbekommen möchten als dessen Schlaf.

Und das ist akzeptabel:

> Oft müssen wir den Akzent zeitlich befristet stärker auf einen Lebensbereich als auf die anderen setzen. Nicht nur, damit wir momentane Herausforderungen meistern können, sondern auch, damit wir auf Dauer die nötige Balance in unserem Leben aufrechterhalten können.

Fokusänderungen

Es klingt paradox, dass wir ab und zu einen Lebensbereich überbetonen müssen, damit wir auf Dauer die *Balance* in unserem Leben bewahren können. Dies ist jedoch in vielen Lebenssituationen der Fall.

Beispiel 1: Wenn eine uns wichtige Person im Sterben liegt und wir uns nicht die nötige Zeit zur Sterbebegleitung oder nach ihrem Tod keine Zeit zum Trauern nehmen, benötigen wir anschließend umso mehr Zeit, um das Versäumte zu verarbeiten und die Balance in unserem Leben wieder herzustellen.

Beispiel 2: Wenn wir nach einem schweren Unfall unserem Körper nicht ausreichend Zeit zum Genesen gönnen und beispielsweise die erforderlichen Reha-Maßnahmen unterlassen, weil wir schnell wieder voll in unsere Arbeit einsteigen möchten, kämpfen wir anschließend vermutlich jahrelang mit den Folgeschäden.

Schwerpunkte zeitlich befristet setzen

Keine mechanistische Zeitbalance

Völlig verfehlt wäre es, wenn wir versuchen würden, mit der Formel: täglich drei Stunden für den Bereich »Sinn/Kultur«, drei Stunden für den Bereich »Familie/Kontakt«, drei Stunden für den Bereich »Arbeit/Leistung« und drei Stunden für den Bereich »Körper/Gesundheit« die gewünschte *Balance* in unserem Leben herbeizuführen. So mechanistisch können wir eine Maschine programmieren; so sollten wir aber nicht unser Leben gestalten. Abgesehen davon, dass die meisten von uns mehr als drei Stunden täglich arbeiten müssen, negieren wir, wenn wir so mechanisch vorgehen, dass unser *Leben ein dynamischer Prozess* ist. Lebensbalance ist nichts Quantitatives, sondern etwas Qualitatives. Wir negieren zudem, dass wir in ein soziales *Netzwerk von Beziehungen* eingebunden sind und dieses an uns Forderungen stellt, auf die wir oft spontan reagieren müssen.

In unserem Arbeitsalltag ergeben sich immer wieder Situationen, in denen wir unverhofft etwas länger bleiben oder Arbeit mit nach Hause nehmen müssen. Ebenso kann es unerwartet vorkommen, dass ein Freund anruft, der gerade in der Krise steckt und Trost braucht. Wenn Sie dann zu ihm sagen: »Tut mir leid, das Zeitbudget, das ich heute für den Lebensbereich ›Familie/Kontakt‹ vorgesehen habe, ist leider schon verbraucht. Melde dich morgen wieder«, verlieren Sie mit Sicherheit etwas, was Ihnen wirklich wichtig ist: nämlich einen Freund. Mit einem solch *mechanistischen Denken* gewinnen wir daher nie die gewünschte Balance im Leben. Im Gegenteil, mit solchen Verhaltensmustern verfehlen wir mit Sicherheit unser Ziel, ein erfülltes Leben in dieser Welt zu führen.

Flexibilität im Zeitbudget

Ziel des Life-Leadership ist es nicht, Tag für Tag und Monat für Monat die nötige Balance zwischen den vier Lebensbereichen herzustellen, sondern in unserem Leben die nötige Balance zwischen ihnen zu finden.

Dies setzt voraus, dass die Verlagerung des Schwerpunkts auf einen Lebensbereich zeitlich befristet ist. Nach einiger Zeit sollte eine Art Ausgleich erfolgen, sodass sich das *Gleichgewicht* wieder einstellt. Einige Zeit verträgt es jede Beziehung, dass der Partner seinen Schwerpunkt (eventuell verabredet) auf den Bereich »Leistung/Arbeit« setzt und täglich zwölf oder 13 Stunden arbeitet. Wird diese Akzentverlagerung aber auf Monate oder gar Jahre zum Dauerzustand, leidet allmählich die Beziehung darunter. Ebenso ist es, wenn wir den Bereich »Körper/Gesundheit« vernachlässigen, weil wir beruflich oder privat unter

Gleichgewicht herstellen

Stress stehen. Einige Zeit geht das gut. Auf die Dauer jedoch nicht.

Akzente verschieben sich

Damit wir das *Gleichgewicht* wieder herstellen können, muss uns bewusst sein, dass wir den Akzent verlagert haben. Häufig vollzieht sich die Akzentverschiebung zwischen den einzelnen Lebensbereichen aber schleichend. Sie ergibt sich aus

den vielen kleinen Entscheidungen, die wir Tag für Tag treffen. Deshalb nehmen wir es oft zunächst auch gar nicht wahr, wenn wir auf dem Weg sind, die Balance im Leben zu verlieren.

> Meist ist der Verlust der Balance im Leben das Ergebnis vieler kleiner Entscheidungen, die wir im Alltag treffen.

So ergeht es zum Beispiel manchem »*Multifunktionär*«, der so viele Lebenshüte auf seinem Kopf trägt, dass er unter deren Last fast zusammenbricht. Meist verläuft sein Werdegang wie folgt:

Multifunktionär mit vielen Lebenshüten

Eigentlich will Karl nur einmal pro Woche im örtlichen Schützenverein seinem Hobby, dem Luftgewehrschießen, nachgehen. Doch dann legt der Zeugwart sein Amt nieder, und weil jeder sagt: »Das ist nicht viel Arbeit«, übernimmt Karl den Posten. Kurze Zeit später stirbt der Kassenwart, und weil »irgendeiner die Kasse ja führen« muss, übernimmt Karl auch diesen Posten noch mit. »Aber nur bis zur nächsten Vorstandswahl.« Doch es kommt alles ganz anders. Als die Vorstandswahlen anstehen, beginnen plötzlich alle Schützenkollegen, seine Arbeit zu loben, und sagen: »Karl, du wärst für den Vorstand geeignet«, und ehe sich Karl versieht, ist er auch im Vorstand. Kaum sitzt er mehrere Wochen darin, spricht ihn ein Schützenbruder beim Bier an: »Karl, du weißt doch, bald stehen die

Gemeinderatswahlen an, und dich kennt doch jeder. Lass dich doch auf der Liste unserer Partei aufstellen. Dann bekommen wir sicher mehr Stimmen.« So wird aus Karl ein Lokalpolitiker. Und weil Politiker ja die Kontakte zur Basis pflegen müssen, tritt er in den örtlichen Turnverein ein. Der wiederum möchte bald eine Sporthalle bauen, und weil Karl als Gemeinderatsmitglied so gute Kontakte hat, wird er auch noch Mitglied im Bauausschuss. So geht es weiter und weiter, bis aus dem Hobbyschützen Karl ein Multifunktionär geworden ist, der jeden Abend von einer Sitzung zur nächsten eilt.

Zugeflogene Aufgaben

Welche Aufgaben flogen Ihnen in den letzten ein, zwei Jahren zu? Von welchen würden Sie sich gern wieder trennen?

Aufgabe	abgeben?	
	☐ ja	☐ nein
	☐ ja	☐ nein
	☐ ja	☐ nein
	☐ ja	☐ nein
	☐ ja	☐ nein
	☐ ja	☐ nein
	☐ ja	☐ nein
	☐ ja	☐ nein
	☐ ja	☐ nein
	☐ ja	☐ nein
	☐ ja	☐ nein
	☐ ja	☐ nein

Womit kann man Sie »kriegen«?

Wie kann man Ihnen am leichtesten Aufgaben, die Sie nicht möchten, übertragen? Kreuzen Sie Zutreffendes an und ergänzen Sie die Liste.

- ☐ Finanzielle Versprechungen
- ☐ Aufgaben liegen lassen, bis Sie es nicht mehr sehen können
- ☐ Lob/Schmeicheleien (z. B. »Das können Sie doch gut.«)
- ☐ Drohungen
- ☐ Appellieren an Ihre Mitverantwortung/Ihr Pflichtgefühl
- ☐ Soziale Anerkennung
- ☐ Appelle an Ihr Mitgefühl/Ihre Hilfsbereitschaft
- ☐
- ☐

Achtung!

In welchen der oben genannten Situationen bzw. bei welchen Personen müssen Sie besonders aufpassen, dass Ihnen keine Aufgaben zufliegen?

»Gefährliche« Situationen

»Gefährliche« Personen

Auch wenn Sie kein Schützenbruder oder keine Schützenschwester sind, kennen Sie vermutlich solche Kreisläufe. Schließlich ergeben sich immer wieder Situationen, in denen uns – beruflich oder privat – scheinbar aus der Luft irgendwelche Aufgaben, Funktionen, Verantwortlichkeiten oder Rollen zufliegen. Meist sind es Kleinigkeiten, die wir auch noch machen können, wollen oder sollen. Und ehe wir uns versehen, verlieren wir die *Balance im Leben*. Anfangs merken wir es gar nicht. Nur ab und an beschleicht uns ein Unbehagen. Nach einiger Zeit macht sich in uns das dumpfe Gefühl breit: Ich re-agiere eigentlich nur noch; ich fühle mich zunehmend getrieben und gehetzt. Spätestens dann sollten Sie sich erneut eine Auszeit nehmen und sich fragen:

Zwangskreisläufe

- Was ist mir *wirklich wichtig*?
- Befindet sich mein Leben noch in der richtigen *Balance*, um meine Lebensvision zu realisieren?
- Welche (neuen) Schritte und Maßnahmen muss ich ergreifen, damit ich kein *ge-fülltes*, sondern ein *er-fülltes* Leben führe?

Kapitel 12

Beschleunigung und Entschleunigung – zwei Seiten einer Medaille

»Wir hatten so viel damit zu tun, die gute Ehefrau, der gute Ehemann, die gute Mutter, der gute Vater, der gute Sohn, die gute Tochter, der hervorragende Angestellte, die erfolgreiche Unternehmerin zu sein, und die Vorstellung von jedem anderen von Perfektion zu erfüllen, dass wir die Verbindung dazu verloren haben, wer wir selbst sind. (St. James 1998, Seite 171)

Mehr Wahlmöglichkeiten

Die Gefahr, dass wir unser Ich verlieren, wird immer größer. Unter anderem aufgrund der steigenden Zahl von *Wahlmöglichkeiten*, die uns die moderne Gesellschaft bietet. Unsere Eltern und Großeltern mussten vor knapp fünfzig Jahren abends, überspitzt formuliert, nur entscheiden: Bleibe ich zu Hause bei meinen Liebsten und spiele ich mit ihnen Karten, während im Hintergrund das Radio läuft, oder besuche ich den örtlichen Fußball- oder Gesangverein? Heute hingegen werden uns im häuslichen und außerhäuslichen Bereich viel mehr *Freizeitmöglichkeiten* geboten. Allein das sportliche Angebot, zwischen dem wir wählen können, oder die Reisemöglichkeiten, die sich uns bieten, sind nahezu unüberschaubar.

Freizeit

Ebenso zahlreich sind unsere Optionen in anderen Bereichen. Vor 30 oder 40 Jahren waren unsere beruflichen Wahlmöglichkeiten sehr begrenzt. Neben Bauer, Maurer, Lehrer und Pfarrer gab es nur noch ein, zwei Dutzend Berufe. Und heute? Heute steigt ihre Zahl ins Unermessliche und täglich kommen neue hinzu. Oder kannten Sie vor wenigen Jahren schon die Berufsfelder Webdesigner, Content- und Eventmanager?

Beruf

Dass wir *mehr Wahlmöglichkeiten* haben, ist positiv. Doch auch diese Medaille hat zwei Seiten:

Probleme und Chancen

> Je größer unsere Wahlmöglichkeiten sind, umso größer werden auch unsere Schwierigkeiten, uns zu entscheiden.

Nicht nur, weil wir uns schwerer einen Überblick über alle Möglichkeiten verschaffen können, sondern auch, weil wir bei jeder Entscheidung für eine Sache zu vielen anderen Möglichkeiten »Nein« sagen müssen. Bei zahlreichen Menschen verursacht dies *Stress*. Zum einen, weil sie wegen der großen Auswahl Angst haben, die falsche Entscheidung zu treffen, zum anderen, weil sie befürchten, etwas zu versäumen.

Unser berufliches und privates *Umfeld ändert sich immer schneller*. Heute ist es daher eher die Ausnahme, dass wir von unserem Berufseintritt bis zur Pensionierung für denselben Arbeitgeber arbeiten und denselben Beruf ausüben. Vor dreißig Jahren war dies noch die Regel. Heute entwickelt es sich leider zur Ausnahme, dass wir mit demselben (Ehe-)Partner unser ganzes Leben verbringen. Vor dreißig Jahren war dies die Regel. Jeder dieser Brüche stellt uns aber vor die Notwendigkeit, *uns*

Schnellere Veränderungen – mehr Zeitdruck

neu zu entscheiden und uns neu zu orientieren. Er erhöht zudem den *Zeitdruck*, unter dem wir stehen. Schließlich braucht jede Entscheidung ihre Zeit. Auch jeder Ortswechsel erfordert *Zeit*. Entsprechendes gilt für den Aufbau eines neuen Freundes- und Bekanntenkreises, für die Suche eines neuen Arbeitsplatzes und für jede berufliche Neuorientierung. Auch sie erfordern *Zeit*. Und der Aufbau einer neuen Lebenspartnerschaft? Wenn wir uns hierfür keine *Zeit* nehmen, wird er uns nie gelingen. All diese Faktoren tragen dazu bei, dass sich in uns das Gefühl verdichtet »Ich haste von einer Sache zur nächsten« und »Ich habe immer weniger Zeit«.

Parallele Tätigkeiten

Auf diesen *Zeitdruck* können wir unterschiedlich reagieren. Wir können versuchen, *alles schneller zu tun*, sodass wir in derselben Zeit mehr erledigen und erleben. Das ist mit einem gezielten Zeit- und Selbstmanagement in einem gewissen Ausmaß möglich. Zumal uns hierbei viele Maschinen helfen. So beschäftigen sich inzwischen zum Beispiel allabendlich 64 Prozent aller Menschen, die fernsehen, zugleich mit einer anderen Tätigkeit. Sie lesen nebenbei, sie bügeln nebenbei oder sie nehmen nebenbei ihr Abendessen zu sich. 1991 waren dies nur 56 Prozent. (Opaschowski 1999, Seite 30) »Nur fernsehen« erleben wir zunehmend als Zeitverschwendung.

Wir lernen, mehrere Tätigkeiten parallel zu verrichten und uns in immer kürzeren Zeiträumen mit immer mehr Dingen zu befassen.

Generation @

Diese Entwicklung wird sich fortsetzen. Einen Hinweis gibt uns das Verhalten der so genannten Generation @. Als *Generation @* werden die heute 14- bis 30-Jährigen bezeichnet, die mit den neuen Medien wie Computer, Internet und Handy aufwachsen und als Jugendliche bzw. junge Erwachsene bereits lernen, mit ihnen umzugehen. Diese Generation wird in zehn Jahren das Leben in unser Gesellschaft prägen. Deshalb lässt ein Blick auf ihren Lebensstil Schlüsse auf unser künftiges Leben zu. Sie sind Pioniere der Welt von morgen.

Für die *Generation* @ gilt die Alternative »entweder-oder« nicht mehr. Ihr *Lebensstil* ist dadurch geprägt, dass sie in ihre Zeit immer mehr Aktivitäten packen und alles möglichst schnell und gleichzeitig erledigen. »Die Generation @ agiert nicht alternativ – zum Beispiel PC-Nutzung statt Bücher lesen oder Video statt Radio. Für sie heißt es eher: Video plus Radio plus Computer plus Buch plus Free-TV plus Pay-TV plus Teleshopping plus Einkaufsbummel. Sie will alles und von allem möglichst noch mehr.« (Opaschowski 1999, Seite 22) Dieses Phänomen beschreibt auch die US-amerikanische Trendforscherin Faith Popcorn. Für sie ist der Versuch, »99 Leben auf einmal« zu leben, ein zentraler Trend unserer Zeit: »Heute starrt kein Mensch mehr Leute an, die im Zug auf ihren Laptop einhämmern oder mitten auf der Straße geschäftliche Anweisungen in ein Handy brüllen.« (Popcorn 1999, Seite 271)

Neuer Lebensstil

Vor knapp 20 Jahren war dies noch anders. Gut erinnere ich mich daran, als die ersten Jogger mit Walkman umherliefen. Sie wurden belächelt. Und heute? Heute betrachten wir dies als selbstverständlich. Ähnlich ist es beim Fernsehen. Vor circa 20 Jahren lästerten wir noch über die US-Amerikaner, weil in ihrem Haushalt der Fernseher rund um die Uhr lief. Und heute? Heute schalten viele von uns morgens das Frühstücksfernsehen an und lauschen beim Kaffeetrinken und Zähneputzen den Berichten. Zumindest in vielen Singlehaushalten gehört dies zum Morgenritual.

Gewöhnt haben wir uns auch daran, immer mehr »helfende Hände« zu nutzen. Selbstverständlich schieben wir ein Fertiggericht in die Mikrowelle, um Zeit zu sparen. Selbstverständlich nutzen wir Waschmaschinen, Geschirrspülmaschinen und Trockner, um Zeit zu sparen. Und wozu sparen wir Zeit? Damit wir *»99 Leben auf einmal«* leben können. Und alles wird noch schneller werden, prophezeit Popcorn: »Wir werden uns weiterhin auf alles stürzen, was uns Zeit spart und die Kommunikation erleichtert und beschleunigt. Und wir werden immer mehr davon haben wollen. Die Zeit wird nicht mehr in Minuten gemessen werden, sondern in Nanosekunden.« (Popcorn 1999, Seite 273)

Leben in Gleichzeitigkeit

Wahrnehmen statt scannen

Dieses Immer-mehr und Immer-schneller hat seinen Preis. Hin- und hergerissen sein zwischen den vielen Interessen ist eine Konsequenz des *Alles-zugleich*, eine zunehmende Oberflächlichkeit eine andere. Letztere manifestiert sich in der schwindenden Fähigkeit, sich auf eine Sache zu konzentrieren. Denn:

> Je länger ich mich auf eine Sache konzentriere, umso mehr Zeit geht mir für die restlichen Angebote verloren.

Oberflächlichkeit durch Scanning

Dieses *Sich-nicht-konzentrieren-Können* manifestiert sich im Kindesalter in einem stets wachsenden Berg von Spielzeug. Und im Jugend- und Erwachsenenalter in stets wechselnden Freundschaften und Lebenspartnerschaften.

Um die wachsende Zahl von Eindrücken, Erlebnissen und Impulsen noch aufnehmen zu können, scannen wir die Ereignisse oft nur noch.

Wir scannen zunehmend die Ereignisse, die auf uns einwirken, statt uns mit ihnen zu befassen.

Alles wird nur *oberflächlich gestreift*. Wir filtern aus der Vielzahl der optischen und akustischen Signale, die auf uns einströmen, nur noch einen Bruchteil heraus, damit wir ihre Flut verarbeiten können. Viele Wissenschaftler sind der Auffassung, dass wir künftig in der »*Zu-viel-isation*« nur bestehen können, wenn wir die Fähigkeit zu scannen beherrschen.

Selektive Wahrnehmung

An sich verfügen wir über diese Fähigkeit bereits. Ganz gleich, was wir tun, wir *nehmen* die Reize nur *selektiv wahr*. Niemand kann alle Eindrücke, die auf ihn einwirken, bewusst aufnehmen und speichern. Dann würde uns ein einfacher Stadtbummel überfordern. Wir können nicht jede Auslage in den Schaufenstern, das Gesicht und die Kleidung jedes Passanten sowie die Fassade jedes Hauses wirklich wahrnehmen. Dass wir unsere Umwelt selektiv wahrnehmen, ist also nicht das Problem. Dies ist eine Notwendigkeit, damit wir uns auf die Dinge, die uns wichtig sind, konzentrieren können und nicht von Nebensächlichkeiten abgelenkt werden. Darin liegt der Unterschied zwischen dem selektiven Wahrnehmen und dem Scannen.

Das selektive Wahrnehmen hilft uns, uns auf die für uns wichtigen Dinge zu konzentrieren. Beim Scannen hingegen können wir selbst die Dinge, die uns wirklich wichtig sind (bzw. sein sollten), nicht mehr wahrnehmen, weil wir alle Dinge nur noch oberflächlich betrachten, um einer Reizüberflutung zu entgehen. Wir sehen sozusagen vor lauter Wald die Bäume nicht.

Entsprechend *ziel- und planlos* hasten wir hin und her. Mitten im Wald sind wir auf der Suche nach Bäumen. Schon spricht man in den USA von einer neuen Volkskrankheit, der so genannten ADD, das heißt *Attention Deficit Disorder*. Hierbei handelt es sich um eine Aufmerksamkeitsstörung, eine Art Lernkrankheit. Sie äußert sich in den drei Verhaltensmustern:

Attention Deficit Disorder

- Spontanität,
- Hyperaktivität und
- Zerstreutheit.

Fremd sind uns diese Symptome nicht. Auch wir zeigen sie, wenn wir unter *Stress* oder *Zeitdruck* stehen, weil wir viele Aufgaben in kurzer Zeit erledigen müssen oder möchten. Wenn wir uns nicht entscheiden können, springen auch wir spontan von einer Aktivität zur nächsten. Dann neigen auch wir zur Hyperaktivität, sind zerstreut und können uns nur schwer konzentrieren.

Zeitdruck oder Stress

Überforderung als Dauerzustand macht uns aggressiv

Das ist nicht schlimm, wenn dieser Zustand befristet ist und eine anschließende Phase der Entspannung folgt. Gefährlich wird es aber, wenn das *»Unter-Strom-Stehen« zum Dauerzustand* oder sogar zum Ideal verklärt wird. Dann besteht die Gefahr, dass wir irgendwann körperlich oder psychisch kollabieren. Hinzu kommt, dass wir vielleicht zu Drogen greifen, um stets topfit zu sein und stets Höchstleistungen zu erbringen.

Probleme und Gefahren

Wir hangeln uns von einem Kick zum nächsten. Doch dabei haben wir stets das Gefühl,

- nicht genug zu erleben,
- nicht aktiv genug zu sein und
- nicht genug zu empfinden und folglich nicht wirklich zu leben.

Normalerweise erfordert Empfinden, dass wir uns auf eine Sache bzw. eine Person einlassen, was wiederum voraussetzt, dass wir Zeit haben. Da wir glauben, uns diese nicht nehmen zu können, erfahren wir auch nicht die Tiefe, die wir suchen. Folglich legen wir noch einen Zahn zu, damit wir den *nächsten Kick bekommen*. Vielleicht vermittelt er uns das tiefe Empfinden, das wir uns wünschen.

Von Kick zu Kick

Beim Hangeln von einem Kick zum nächsten übersehen wir, dass wir so zwar mehr erleben, aber nicht mehr empfinden.

Dies prägt unsere *sozialen Beziehungen*. Auch hier wird unser Erleben zunehmend von dem Gefühl geprägt: »Wenn ich bloß mehr empfinden könnte, dann könnte ich eine Beziehung zum anderen aufnehmen oder eine ›wirkliche‹ Beziehung zu ihm unterhalten. Aber im Augenblick der Begegnung habe ich jedes Mal das Gefühl, nicht genug zu empfinden.« (Sennett 2000b, Seite 23). Die Folgen sind eine *innere Leere* sowie eine *latente Unzufriedenheit*, weshalb wir immer weiter nach Erfüllung suchen.

Innere Unruhe

Irgendwann resultiert aus unserem fortwährenden Suchen nach einem tieferen Erleben ein Überfordert-und Überreiztsein, weil wir die Reizflut nicht mehr verarbeiten können und zugleich nicht finden, was wir uns wünschen.

Reizzustände

Dieses *Überfordert sein* schlägt oft in Aggression um, die sich entweder gegen uns selbst oder unsere Umwelt richtet. Häufig bemerken wir dieses Phänomen bei Jugendlichen, die noch auf der Suche nach ihrem Weg sind. Weil sie trotz der anhaltenden Suche das Gewünschte nicht finden, leben sie in einem *ständigen Reizzustand*. Sie finden keine Ruhe; schnell kann sich ihre Unruhe in Aggression verwandeln. Aus scheinbar völlig nichtigen Anlässen explodieren sie, weil sie das Gefühl haben, dass sie nie in Ruhe gelassen werden.

Dass Jugendliche sich in diesem Zustand befinden können, ist normal. Dies resultiert daraus, dass sie »nicht mehr« Kind und »noch nicht« erwachsen sind. Problematisch wird es aber, wenn dieser Schwebezustand des »Nicht-mehr« und »Noch-nicht« auch unser Erwachsenenleben prägt, weil wir dann die innere Balance nicht finden.

Aggression durch überfordert sein

Dass überfordert sein in *Aggression* umschlägt, ist auch uns Erwachsenen nicht fremd. Auch wir zeigen solche Verhaltensmuster, wenn wir glauben, bestimmten Anforderungen nicht gerecht zu werden. Eine klassische Situation hierfür ist die Vorweihnachtszeit, wenn wir neben unseren Alltagsaktivitäten Geschenke besorgen und das Fest vorbereiten und zugleich die Erwartung haben: Nun muss alles so richtig schön weihnachtlich werden. Dann ist in vielen Familien Streit vorprogrammiert.

Wann werden Sie aggressiv?

Sie fahren morgens zur Arbeit. Sie sind spät dran. Auf der Autobahn »schleicht« auf der linken Spur ein Auto mit 80 km/h fünf Minuten vor Ihnen her. Wie lange dauert es, bis Sie unruhig werden? Fluchen Sie? Trommeln Sie auf dem Lenkrad? Steht Ihnen der Schweiß auf der Stirn? Fahren Sie dicht auf? Geben Sie Lichthupe? Versuchen Sie, rechts zu überholen? Geben Sie auf?

Wie reagieren Sie?

....

....

....

Welches Verhalten wäre der Situation angemessen?

....

....

....

Sie kommen von einer Besprechung mit Ihrem Chef, der mit Ihrem letzten Projekt nicht einverstanden war. Sie haben noch zehn Minuten Zeit, um ein wichtiges Telefonat mit einem Kunden vorzubereiten. In diesem Moment klingelt das Telefon. Ihre Mutter will wissen, wann Sie sie das nächste Mal besuchen, was Sie selbst noch nicht wissen. Sie sagen ihr, dass Sie im Moment keine Zeit hätten, mit ihr zu sprechen, was sie aber nicht davon abhält, Ihnen den neuesten Tratsch zu erzählen. Inzwischen haben Sie nur noch fünf Minuten Zeit zur Vorbereitung. Laufen Sie während des Gesprächs auf und ab? Machen Sie sich den obersten Knopf Ihres Hemdes oder Ihrer Bluse auf? Sagen Sie »Bis dann, Mama« und legen einfach auf? Wiederholen Sie immer lauter, dass Sie jetzt keine Zeit haben?

Wie reagieren Sie?

....

....

....

Welches Verhalten wäre der Situation angemessen?

....

....

....

Sie hatten einen schlechten Tag im Büro. Sie kommen erst gegen 20 Uhr nach Hause, weil Sie eine halbe Stunde im Stau gestanden haben. Im Flur stolpern Sie über die Schuhe Ihrer Kinder. Kaum haben Sie Ihre Aktentasche abgestellt, kommen die lieben Kleinen ohne ein »Hallo« schreiend auf Sie zugerannt, um gegenseitig die neuesten »Schandtaten« zu verpetzen. Schreien Sie »Ruhe«? Schicken Sie die Kinder ins Kinderzimmer? Schicken Sie sie zu Ihrem Partner/Ihrer Partnerin? Versuchen Sie notgedrungen, den Streit zu schlichten?

Wie reagieren Sie?

....

....

....

Welches Verhalten wäre der Situation angemessen?

....

....

....

Wir kennen alle solche Situationen aus unserem *Alltag*. Wir explodieren oft buchstäblich und zeigen ein aggressives Verhalten, das der Situation nicht angemessen ist. Der Grund ist, dass unserer momentanen Erwartungshaltung und unserem Bedürfnis nach Ruhe nicht entsprochen werden.

Information-overload

Wenn verstärkt die Anforderung an uns gestellt wird, immer erreichbar, ansprechbar und anwesend zu sein, ist ein solches Verhalten verständlich. »Viele Menschen wollen einfach nicht mehr ständig mit Informationen, Anrufen, Fax-Mitteilungen und Werbung bombardiert werden. Werden Sie nicht auch manchmal regelrecht böse, wenn schon wieder ein Anruf auf Sie wartet, das Autotelefon piept oder der Expressbote vor der Tür steht? Wir wünschen uns nichts sehnlicher, als eine Zeit lang ungestört zu sein, einmal Zeit ganz für uns allein zu haben. Doch es ist nicht leicht, inneren Frieden zu finden, wenn man Tag und Nacht erreichbar ist.« (Popcorn 1999, Seite 282)

Inneren Frieden finden

> Inneren Frieden finden wir nicht, indem wir versuchen, alles schneller zu erledigen.

Zum einen, weil bestimmte Aufgaben, wie zum Beispiel das Treffen wichtiger Entscheidungen, ihre Zeit brauchen. Zum anderen, weil selbst wenn wir immer schneller arbeiten, sich nichts daran ändert, dass die Zahl

- der Herausforderungen, vor denen wir stehen,
- der Reize, mit denen wir konfrontiert sind sowie
- der Entscheidungen, die wir treffen müssen,

stetig steigt. Im Gegenteil: Je mehr wir in immer kürzerer Zeit erledigen möchten, desto mehr Reize strömen auf uns ein, desto mehr Entscheidungen müssen wir treffen und mit umso mehr Herausforderungen werden wir konfrontiert.

Cocooning

Um eine Reizüberflutung zu vermeiden, versuchen manche Menschen, ihr *Leben zu verlangsamen*. Ihr Ziel ist, die Zahl der Reize, die auf sie einströmen, und die Menge der Anforderungen, die an sie gestellt werden, zu reduzieren. Hierfür gibt es viele Wege. Einen Weg beschreiten die Anhänger der *Simplify-your-Life-Bewegung* in den USA. Sie wollen ihr Leben einfacher, so zu sagen »simpler« gestalten. Zum Beispiel, indem sie auf das Land ziehen, um den vielen Großstadtreizen zu entfliehen. Oder sie statten ihren Haushalt bewusst mit wenigen modernen Kommunikationsmedien aus, um die Zahl der Wahlmöglichkeiten zu reduzieren. Wenn ich kein Fernsehgerät habe, muss ich nicht jeden Abend entscheiden, ob ich fernsehe oder nicht; auch nicht, welche der 40 parallel laufenden Sendungen ich anschaue. Wenn ich kein Handy besitze, muss ich nicht überlegen, ob ich es anschalte und ob ich mich melde, wenn es klingelt. Wenn ich eine kleine Ranch betreibe, statt als Konzernmanager zu arbeiten, muss ich mich nicht Tag für Tag mit den Anforderungen auseinander setzen, die Chefs, Kollegen, Mitarbeiter, Kunden und Lieferanten an mich stellen und muss nicht von einem Meeting zum nächsten eilen.

Verlangsamen und vereinfachen

Vereinfachen Sie Ihr Leben!

Kleiderübung: Viele Menschen geraten jeden Morgen, aber auch vor jeder Party oder vor jedem Theaterbesuch, in Hektik: Sie wissen nicht, was sie anziehen sollen, weil ihr Kleiderschrank schon übervoll ist. Sie sparen viel Zeit und Kraft, wenn Sie ihren Entscheidungsspielraum beschränken. Und Kleider, die Sie nicht besitzen, brauchen Sie nicht waschen und bügeln oder in die Reinigung bringen.

Anleitung: Sortieren Sie alles aus, was Sie schon länger als ein Jahr nicht mehr angezogen haben. Trennen Sie diese Sachen in durchaus noch gute Kleidungsstücke und solche, die Sie eigentlich nur für Renovierungs- oder Gartenarbeit aufgehoben haben. Packen Sie Letztere sofort in Tüten und bringen Sie sie zu einer Wohlfahrtsorganisation. Was für den einen Ballast ist, kann für andere durchaus notwendig sein. Wenn Sie es sich nicht leisten können oder wollen, alles zu verschenken, bringen Sie die Sachen in den Second-Hand-Laden oder auf den Flohmarkt. Die Kleider, die »noch gut« sind, packen Sie in Tüten und stellen sie in den Keller oder auf den Speicher. Wenn Sie nach einem halben Jahr keines der in den Tüten verpackten Kleidungsstücke wirklich vermisst haben, geben Sie alles weg. Mutige können das natürlich auch sofort tun. Sollten Sie es allein nicht schaffen, bitten Sie eine Freundin oder einen Freund, es für Sie zu tun. Nur, wenn Sie ein überzeugendes Plädoyer für ein Kleidungsstück halten können, dürfen Sie es behalten.

Tassen-Übung: Wie viele Tassen haben Sie im Schrank? Sechs, zwölf oder gar 24, weil Sie eine so große Verwandtschaft haben? Oder haben Sie etwa noch ein zweites Service in Reserve auf dem Dachboden stehen? All das braucht Platz und Zeit, es muss verwaltet, geputzt, aus- und wieder eingeräumt werden.

Anleitung: Schaffen Sie sich von allem Geschirr nur vier Garnituren mehr an als Personen in Ihrem Haushalt leben. Wenn Sie also zu viert sind, brauchen Sie acht Tassen, Teller, Messer, Gabeln, Löffel, Handtücher, Kissen, Decken und Bettbezüge. Und wenn Sie einmal ein großes Fest feiern möchten und Ihr Geschirr nicht ausreicht, können Sie sich immer noch welches ausleihen. Oder Ihre Gäste sollen sich mitbringen, was sie brauchen.

Zeitungsübung: Wie viele Zeitungen und Zeitschriften haben Sie abonniert? Die regionale Tageszeitung, eine überregionale Tageszeitung, ein Nachrichtenmagazin, eine Fernsehzeitung, zwei Fachzeitschriften und noch eine für Ihr Hobby? Nicht nur, dass Sie all diese Informationen zumindest überfliegen müssen (schließlich haben Sie ja Geld dafür bezahlt), Sie müssen auch noch jede Woche einen ganzen Karton Altpapier aus dem Haus schaffen. Könnten Sie diese Zeit nicht sinnvoller verwenden?

Anleitung: Nehmen Sie alle Zeitungen und Zeitschriften, die Sie in zwei Wochen angesammelt haben und schneiden Sie einmal alles aus, was Sie gelesen haben. Aber wirklich nur das, was Sie auch gelesen haben, nicht das, was Sie unbedingt demnächst noch lesen wollen. Denn Sie werden es nie wieder anschauen – sofern es sich nicht um Kochrezepte handelt, und auch da habe ich meine Zweifel. Wie sollten Sie auch? Sie bekommen ja ständig neues Material auf den Tisch. Legen Sie alle Ausschnitte auf einen Stapel und legen Sie die Zeitungsreste auf einen Stapel daneben. Überlegen Sie sich nun genau, ob die Höhe der beiden Stapel wirklich in einem sinnvollen Verhältnis stehen. Bestellen Sie alles ab, wenn Sie nicht mindestens 30 Prozent daraus verwerten, außer Sie benötigen die Informationen für Ihre Arbeit.

Die meisten Anhänger der *Simplify-your-Life-Bewegung* führten zuvor ein Leben, bei dem sie sich sozusagen im Herzen der Non-Stop-Gesellschaft befanden. Sie waren dem Druck, stets ansprechbar und erreichbar zu sein, massiv ausgesetzt. Häufig handelt es sich bei ihnen um erfolgreiche Rechtsanwälte, Makler, Schauspieler oder Manager. Personen also, die mit ihrem Beruf sehr viel Geld verdienten. Ihr Verzicht stellt somit ein bewusstes Verzichten auf bestimmte Wahlmöglichkeiten, die ihnen das Leben bietet, dar. In ihm dokumentiert sich zweierlei. Zum einen das Bekenntnis: Etwas anderes ist mir wichtiger. Zum anderen das Eingeständnis: Ich konnte die Dinge, auf die ich verzichte, nicht sinnvoll in mein Leben integrieren, als sie mich umgaben. Deshalb ziehe ich mich von ihnen zurück. Insofern zeigt die Simplify-your-Life-Bewegung eine Nähe zu dem Trend, den Faith Popcorn seit Jahren konstatiert: dem *Cocooning* – dem Leben im »Kokon«.

Simplify your Life

Cocooning besagt: Immer mehr Menschen igeln sich ein. Dabei äußert sich das Einigeln in verschiedenster Form. Eine Spielart ist, dass wir unsere Wohnungen zu Rückzugsrefugien ausbauen. Sie werden zu Festungen gegenüber der uns bedrohenden und überfordernden Welt. Entsprechend viel Zeit und Energie verwenden wir auf ihre Ausstattung. Ist unser Heim einmal geschaffen, schließen wir uns darin ein. Jeder Fremde wird als Eindringling erfahren, den wir zunächst per Gegensprechanlage oder Türspion begutachten. Jeder unangemeldete Besucher wird zum Störenfried. Hier haben sich unsere Lebensgewohnheiten schon stark verändert. Hand aufs Herz:

Abschotten von der Welt

Spontanität

- Wann haben Sie zum letzten Mal einen Freund/eine Bekannte unangemeldet besucht?

- Was empfinden Sie, wenn ein Freund oder Bekannter unverhofft vor Ihrer Tür steht?

Mittlerweile empfinden wir »unangemeldete Besucher« häufig als lästige Eindringlinge, die uns in unserer Ruhe stören. Wir denken: Das macht man nicht! Das gehört sich nicht! Und weil es sich nicht gehört, tun wir es nicht. Stattdessen verbinden wir unsere Wohnung über elektronische Drähte mit der Außenwelt.

Der gemeinsame Kaffeeklatsch wird durch das Telefon ersetzt. Am öffentlichen Leben nehmen wir über das Fernsehgerät teil. Statt Freunde zu treffen, chatten wir im Internet. Statt eine Diskussionsveranstaltung aufzusuchen, legen wir unsere Beine hoch und verschaffen uns durch das Betrachten einer Talkshow das Gefühl: »Ich bin dabei.«

Innerer und äußerer Rückzug

Mit diesem *Rückzug* einher geht oft, dass wir alles Fremde und Neue als Bedrohung empfinden. Alles Neue, alles Fremde bietet uns, wenn wir uns darauf einlassen, weitere Optionen. Da es uns aber immer schwerer fällt, uns zwischen den vielen Optionen zu entscheiden, erfahren wir alle weiteren Optionen, die uns angeboten werden, als bedrohlich. Sie komplizieren unser Leben nur noch weiter.

Der Trend zum Verlangsamen ist also eine Gegenreaktion auf die Entwicklung zur Non-Stop-Gesellschaft. Jeder sollte überprüfen, inwieweit er die Entschleunigung in sein Leben integrieren kann, ohne dabei von einem Extrem ins andere zu gelangen. Die Simplify-Idee bietet ausgezeichnete Möglichkeiten zu entscheiden, was wirklich wichtig ist. Dabei gilt:

Wer wenige Optionen hat, steht nicht vor der Frage: Auf welche soll ich verzichten? Diese Frage stellt sich nur Menschen, die aufgrund ihrer vielen Wahlmöglichkeiten Schwierigkeiten haben, sich zu entscheiden.

Kapitel 13

Den Alltag strukturieren lernen

Das Leben bietet uns immer mehr Wahlmöglichkeiten. Stimmt! Das heißt aber nicht, dass wir eine endlose Zahl von Optionen haben.

> In vielen Bereichen gilt: Die Optionen, die wir haben, reduzieren sich im Lauf unseres Lebens.

Optionen in der Jugend

Als *Jugendlicher* habe ich bei der Berufswahl noch viele Optionen. Auch wenn diese Wahlmöglichkeiten unter anderem davon abhängen, ob ich mit Mühe die Sonderschule oder spielerisch das Abitur schaffe: Zumindest theoretisch kann sich jeder Jugendliche noch frei entscheiden, ob er lieber Schreiner, Atomphysiker oder Profifußballer werden will. Anders sieht es aus, wenn wir 40 sind. Dann ist es müßig darüber nachzudenken, ob ich lieber Profifußballer oder Balletttänzer wäre. Physik kann ich zwar noch studieren, aber dass ich anschlie-

ßend eine Stelle als Atomphysiker finde, ist eher unwahrscheinlich.

Ähnliches gilt für den *Umgang mit unserer Zeit*. Auch hier setzt uns die Realität oft enge Grenzen bzw. sie gibt uns den Umgang mit unserer Zeit weitgehend vor. Das zeigt eine Studie, die an der Münchener Universität durchgeführt wurde. (Weis 1998, Seite 163 ff.) Befragt wurden 140 freie Journalisten – Männer und Frauen –, wie sie ihren Alltag strukturieren und ihre Zeit nutzen. Diese Berufsgruppe wurde gewählt, weil freie Journalisten zwar zu einem bestimmten Termin ihre Artikel oder Rundfunk- und Fernsehbeträge abliefern müssen, ihre Auftraggeber es aber ihnen überlassen, wie sie ihren Arbeitsalltag strukturieren. Ihnen ist somit ein Zeitrahmen vorgegeben, innerhalb dessen sie große Spielräume haben. Interessant erschien den Forschern diese Berufsgruppe auch, weil sie die unsichere Existenz von Selbstständigen führt; ein Schicksal, das künftig immer mehr von uns teilen werden.

Münchener Zeitstudie

Beim Auswerten der Befragungsergebnisse entdeckten die Forscher *vier Muster*, mit der *Zeit umzugehen* und den Alltag zu strukturieren. Sie unterschieden vier Typen: »Kontrolleure«, »Disziplinierte«, »Jongleure« und »Vertrauensvolle«.

Vier Zeit-Typen

Kontrolleure

Die Kontrolleure setzen sich und ihrer Umwelt klare bis rigide Regeln und zeitliche Strukturen. Diese sind auf Dauer angelegt und ermöglichen so ein effizientes Arbeiten. Sie arbeiten zum Beispiel konzentriert von 8 Uhr morgens bis 12 Uhr mittags.

Kontrolleure

Dann machen sie zwei Stunden Pause, um sich anschließend zum Beispiel von 14 bis 17 Uhr erneut an ihren Schreibtisch zu setzen. Während ihrer Arbeitszeit ist keine private Störung – zum Beispiel durch die Kinder – erlaubt. Diesen Rhythmus wiederholen sie Tag für Tag. Mit dem Setzen verbindlicher Termine und fester Zeitblöcke versuchen sie, die unstrukturierte Zeit zu kontrollieren und ihren Alltag berechenbar zu machen.

Disziplinierte

Die Zeitplanung der Disziplinierten ist weniger starr und rigide als die der Kontrolleure. Sie haben keine festen Zeitblöcke, die sie ganz streng einhalten. Stattdessen versuchen sie einen bestimmten Rhythmus bei der Gestaltung ihrer Arbeitszeit einzuhalten. Elemente der Planung und eines »Auf-sich-zukommen-« und »Laufen-lassens« stehen somit nebeneinander. Auch sie wollen zum Beispiel täglich sieben oder acht Stunden arbeiten und bestimmte Zeitblöcke einhalten. Wie lange die Zeitblöcke dauern und wann sie mit der Arbeit beginnen, variiert jedoch. So setzen sie sich zum Beispiel manchmal morgens um 8 Uhr, manchmal um 9 Uhr an ihren Schreibtisch. Ebenso machen sie manchmal mittags eine und manchmal zwei Stunden Pause. Dabei wird ihnen der Rhythmus weitgehend von außen vorgegeben. Beispielsweise dadurch, dass die Kinder vom Kindergarten abgeholt werden müssen. Die Disziplinierten planen so viel wie möglich und so weit wie möglich.

Disziplinierte

Jongleure

Jongleure versuchen ebenfalls, ihren Alltag zeitlich so zu strukturieren, dass sie sowohl Zeit für ihren Beruf als auch für ihren Partner und ihre Kinder finden. Auch sie planen täglich kleinere und größere Zeitblöcke, in denen sie konzentriert arbeiten. Sie haben aber Schwierigkeiten, diese einzuhalten. Außerdem fällt es ihnen schwer, ihre unterschiedlichen Aufgaben und Interessen in ein ausgewogenes und für sie zufrieden stellendes Verhältnis zueinander zu bringen, weil zu viele, oft nicht im Voraus planbare Anforderungen an sie gestellt werden. Deshalb werfen sie ihre geplanten Zeitraster häufig über den Haufen, um sie durch neue zu ersetzen.

Jongleure

Vertrauensvolle

Vertrauensvolle verzichten weitgehend darauf, ihren Tag vorab zu strukturieren und zu planen. Sie verzichten auch auf das Einführen von Regelmäßigkeiten. Sie regulieren ihre alltägliche Lebensführung stattdessen »spontan« und vertrauen dabei auf ihre Kompetenz und Fähigkeit, ihr Leben ad hoc zu gestalten.

Vertrauens-volle

Bei der Analyse, welche Personen welchen Umgang mit ihrer Zeit praktizieren, zeigte sich: Die *Kontrolleure* waren fast ausschließlich Männer. Warum? Männer können oft die häuslichen Aufgaben an andere Personen delegieren und können deshalb ihren Zeitplan strikt einhalten. Auch die *Vertrauensvollen* waren ausschließlich Männer, die häusliche Aufgaben delegieren konnten und finanziell abgesichert waren. Sie mussten nicht täglich sieben, acht Stunden konzentriert arbeiten, um Monat für Monat den nötigen Lebensunterhalt zu verdienen. Deshalb entwickelten sie die nötige Gelassenheit, um auf eine Zeitplanung und -kontrolle zu verzichten.

Ergebnisse der Zeitstudie

Zu den *Disziplinierten* und zu den *Jongleuren* hingegen zählten vor allem Frauen bzw. Personen, die berufliche und private Anforderungen unter einen Hut bringen mussten. Sie mussten eine gewisse Disziplin an den Tag legen, um allen Anforderungen gerecht zu werden. Zugleich war aber ein gewisses Jonglieren notwendig, um die verschiedenen Anforderungen zu synchronisieren.

Die Untersuchung zeigt:

> Wenn wir in ein soziales Netz eingebunden sind, das uns mit unterschiedlichen Anforderungen konfrontiert, können wir uns nicht mehr völlig von dem Rhythmus, den uns unser Umfeld vorgibt, abkoppeln.

Lebensrhythmus finden

Wir können unser Leben also weder beliebig beschleunigen noch verlangsamen. Was wir tun können, ist, einen unserem Leben adäquaten (Lebens-)Rhythmus zu entwickeln, der Beschleunigung und Verlangsamung in sich vereint. Insofern gilt:

> Die Annahme, wir könnten durch ein Verlangsamen unserer Aktivitäten der Beschleunigung entfliehen, ist eine Illusion. Sie geht von der falschen Voraussetzung aus, dass wir wie Einsiedler auf einer Insel leben.

Welcher Zeit-Typ sind Sie?

Kreuzen Sie zu jeder Frage eine Antwort an. Summieren Sie dann die Punkte für die einzelnen Fragen nach folgendem Schema:
a) = 1 Punkt, b) = 3 Punkte, c) = 5 Punkte, d) = 7 Punkte.

Beruflich

Wann beginnen Sie Ihren Arbeitstag?

a) jeden Morgen um genau dieselbe Zeit ☐
b) innerhalb eines festgelegten (Gleit-)Zeitkorridors ☐
c) mal früher, mal später ☐
d) immer auf den letzten Drücker ☐

Wie planen Sie Ihren Arbeitstag?

a) jeden Abend mache ich einen genauen Plan für den nächsten Tag ☐
b) morgens im Büro teile ich mir meinen Tag ein ☐
c) ich plane immer nur für die nächsten paar Stunden ☐
d) ich plane überhaupt nicht ☐

Wie strikt halten Sie sich an Ihren Zeitplan?

a) ich halte meinen Zeitplan strikt ein ☐
b) ich kontrolliere meinen Zeitplan und passe ihn ggf. an ☐
c) ich halte mich nur ungefähr an meinen Zeitplan ☐
d) ich überprüfe meinen Zeitplan nicht ☐

Privat

Wie oft waschen Sie Ihr Auto?

a) regelmäßig, egal wie schmutzig es ist ☐
b) immer wenn es schmutzig ist ☐
c) wenn es schmutzig ist und ich Zeit dazu habe ☐
d) wenn ich Lust dazu habe ☐

Wie oft gehen Sie Lebensmittel einkaufen?

a) jede Woche an einem festen Wochentag ☐
b) wenn der Kühlschrank leer ist ☐
c) wenn ich Zeit und Lust dazu haben ☐
d) wenn ich Hunger habe ☐

Wann gehen Sie zum Arzt?

a) regelmäßig ☐
b) sofort wenn ich Beschwerden verspüre ☐
c) nur wenn ich länger Beschwerden habe ☐
d) erst wenn es gar nicht mehr anders geht ☐

Auflösung

0-6 Punkte: Sie sind ein *Kontrolleur*. Sie planen am liebsten alles langfristig und bis ins kleinste Detail. Sie halten Ihre Pläne strikt ein. Passen Sie auf, dass Ihr (Zeit-)Korsett Ihnen nicht die Luft abschnürt.
7-18 Punkte: Sie gehören zu den *Disziplinierten*. Sie halten es für sinnvoll, Ihre Zeit zu planen, und bemühen sich darum, Ihre Pläne weitgehend einzuhalten. Aber Sie machen sich auch nicht zum Sklaven Ihres Plans. Weiter so!

19-30 Punkte: Als *Jongleur* sind Sie ein wahrer Lebenskünstler. Sie planen zwar, aber nur das Notwendigste. Den Rest lassen Sie lieber auf sich zukommen. Ihre Planung kann man durchaus als flexibel betrachten. Wenn Sie dabei nicht ins Schleudern geraten, sind Sie zu beneiden.
31-42 Punkte: Sie gehören zu den *Vertrauensvollen*. Zweifelsohne, Sie haben Gottvertrauen. Sofern Ihr Leben nicht jeden Tag fünf Überraschungen für Sie parat hält, können Sie sich diesen beneidenswerten Luxus leisten. Ansonsten würde Ihnen ein bisschen mehr Planung sicher nicht schaden.

Beschleunigen oder verlangsamen?

Ebenso verhält es sich mit dem Versuch, durch einen gezielten Verzicht auf Optionen der beschleunigten Welt zu entgehen. Auf Optionen verzichten können wir nur, wenn wir sie haben. Das heißt: Weder indem wir all unsere Aktivitäten *beschleunigen*, noch indem wir sie *verlangsamen*, kommen wir ans Ziel. Der Versuch, alles zu beschleunigen, scheitert, weil er mittelfristig zum Kollaps führt. Der Versuch, alles zu verlangsamen, scheitert, weil er von der Voraussetzung ausgeht, wir seien nicht Teil dieser beschleunigten Welt. Außerdem ist ein Verlangsamen nur möglich, wenn wir die Wahl zwischen einem Verlangsamen und Beschleunigen haben.

Life-Leadership bedeutet, dass wir für uns eine Strategie entwickeln, die es uns erlaubt, die »Früchte« der modernen Multioptionsgesellschaft zu genießen und gezielt zu nutzen. Dies ist nur möglich, wenn wir darauf hinarbeiten, dass uns stets mehrere Wahlmöglichkeiten zur Verfügung stehen. Sonst können wir uns nicht frei entscheiden.

Hierfür einige Beispiele:

Beispiel 1: Wenn wir finanziell mit dem Rücken zur Wand stehen und uns bereits der Gerichtsvollzieher droht, lautet unsere einzige Option: Wir müssen möglichst schnell zu Geld kommen.

Beispiel 2: Wenn wir arbeitslos sind und unsere Qualifikation nicht mehr gefragt ist, haben wir nur zwei Möglichkeiten (zumindest kurzfristig): Entweder wir nehmen jede x-beliebige Stelle an, nur um einen Job zu haben, ganz gleich, wie gut oder schlecht er bezahlt wird und was wir tun müssen, oder wir leben von der Sozial-/Arbeitslosenhilfe.

Beispiel 3: Wenn die Beziehung mit unserem Lebenspartner bereits gescheitert ist, lautet unsere einzige Option: Das Scheitern verarbeiten und fortan entweder als Single leben oder uns einen neuen Lebenspartner suchen.

Mit anderen Worten:

> Wenn das Kind in den Brunnen gefallen ist, haben wir nur zwei Möglichkeiten: Entweder wir springen ins kalte Wasser und holen das Kind aus dem Brunnen oder wir lassen es ertrinken. Wollen wir dieser unangenehmen Alternative entgehen, müssen wir pro-aktiv handeln. Das heißt, wir müssen handeln, bevor das Kind in den Brunnen fällt.

Eine notwendige Aufgabe, damit wir ein *Life-Leader* werden bzw. bleiben, besteht also darin, Vorsorge zu treffen.

Gesundheitsmanagement

Wir müssen sicherstellen, dass wir stets mehrere realistische Optionen haben. Zum Beispiel durch ein *gesundheitsbewuss-*

tes Verhalten, da eine ernsthafte Erkrankung unsere Handlungsoptionen automatisch reduziert. Oder indem wir darauf achten, dass unsere *Qualifikation* nicht nur von unserem jetzigen Arbeitgeber gefragt ist. Dann haben wir, wenn wir entlassen werden oder mit der Stelle nicht mehr zufrieden sind, noch mehrere Optionen. Oder indem wir außer unserem Lebenspartner noch einen gewachsenen *Freundeskreis* haben, damit wir leichter mit Krisen in unserer Paarbeziehung umgehen können, weil wir nicht befürchten müssen, im Falle einer Trennung völlig einsam zu sein.

Weiterbildung

Soziales

Das heißt: Wenn wir *Leader-of-our-Life* sein möchten, müssen wir durch ein *pro-aktives Handeln* sicherstellen, dass wir stets mehrere realistische Optionen haben. Nur so können wir Krisen gegensteuern bzw. diese, wenn sie sich nicht vermeiden lassen, besser verarbeiten.

Pro-aktiv sein

Auch wenn es Ihnen schwer fällt, mit dem Gedanken zu leben, dass sich unser Umfeld immer schneller verändert und eine Prognose für die Zukunft fast nicht mehr möglich ist: Vor dieser Unsicherheit dürfen wir nicht unsere Augen verschließen; vielmehr müssen wir lernen, mit ihr zu leben. Niemand kann heute mehr sagen: Wenn ich dies tue, bin ich in fünf Jahren mit Sicherheit am Ziel. Vielmehr müssen wir dahinter stets ein Fragezeichen platzieren. Nur wenn wir das akzeptieren, sind wir bereit, uns *alternative Handlungsperspektiven* zu erarbeiten, sodass wir auch künftig mehrere Wahlmöglichkeiten haben, falls sich unsere Zukunft anders gestalten sollte, als wir es vermutet haben.

Alternative Handlungsmöglichkeiten

Für viele Herausforderungen werden wir ganz neue Lösungen entwickeln müssen, von denen wir vorab nicht wissen, ob

Neue Lösungen entwickeln

sie funktionieren. Wir müssen neue kreative Designs entwerfen, weil sich unsere alten Verhaltensmuster nicht mehr für das Bewältigen der Zukunft eignen. Das heißt:

Wir müssen künftig häufiger über unseren Schatten springen und vielleicht sogar das Gegenteil von dem tun, womit wir in der Vergangenheit erfolgreich waren.

Denk- und Verhaltensmuster

Dass uns das schwer fällt, ist verständlich. Schließlich haben wir unsere Denk- und Verhaltensmuster oder *Paradigmen* meist über Jahrzehnte hinweg gelernt und gefestigt. Sie sind ein Teil von uns geworden. Entsprechend schwer können wir sie abstreifen. Unsere gewohnten Denkmuster hindern uns aber am Entwerfen neuer, kreativer Designs. Viele Angestellte beispielsweise sind davon überzeugt, dass eine Festanstellung ihnen die meiste Sicherheit bietet. Dabei ist das nur noch bedingt richtig. Wenn morgen die ferne Konzernzentrale beschließt, das Unternehmen zu verkaufen, dann können Sie übermorgen arbeitslos sein. Selbst wenn Sie zuvor jahrelang die beste Arbeit abgeliefert haben. Oft ist es deshalb sogar sicherer, sich selbstständig zu machen – natürlich nur, sofern man eine gute Geschäftsidee und die nötige Entschlossenheit hat. Dann liegt das berufliche Schicksal nicht mehr bei einer fernen Konzernzentrale, sondern in der eigenen Hand.

Leben aktiv gestalten

Wenn wir eine *zukunftsorientierte Haltung* einnehmen und immer wieder Versuche wagen, *unser Leben aktiv zu gestalten*, reduzieren wir mit der Zeit auch die Gefahr des Scheiterns.

Kapitel 14

Unseren eigenen Lebensrhythmus finden

Sich abzeichnende Lebenskrisen können wir nicht vermeiden, wenn wir starr an einmal getroffenen Entscheidungen festhalten. Wenn viele Signale darauf hindeuten, dass sich unser Lebensumfeld wandelt, müssen wir unser Leben entschleunigen, wir müssen inne halten und uns fragen: Kann ich mit den Entscheidungen, die ich in der Vergangenheit getroffen habe, mein Leben künftig meistern? Oder muss ich umdenken und meine Entscheidungen revidieren?

Lebensentscheidungen

Das heißt: Wenn wir nicht mit festem, starrem Schritt, sondern mit federnden Schritten durchs Leben gehen – gleich einem Tänzer, der Schritte nach links und rechts, vor und zurück macht –, verfügen wir über die nötige Flexibilität für ein Leben in Balance. Nur auf diese Weise finden wir unseren *eigenen Rhythmus zwischen Beschleunigung und Entschleunigung*, der aber niemals unabhängig von der Beziehung zu unserer Umwelt ist.

Lebensrhythmus

Hierin liegt ein wesentlicher Unterschied zwischen Life-Leadership und dem klassischen Selbst- und *Zeitmanagement*.

Beim klassischen Zeitmanagement lautet die zentrale Frage: Wie nutze ich meine Zeit effektiv? Beim klassischen Selbstmanagement lautet die zentrale Frage: Wie manage ich mich selbst? Beim Life-Leadership hingegen lautet die Kernfrage: Wie muss ich die Beziehung zu meiner Umwelt gestalten, damit sich mein Leben in Balance befindet?

Life-Leadership

Der Fokus liegt beim *Life-Leadership* also hauptsächlich darauf, wie wir die Beziehung zwischen unseren vier Lebensbereichen und wie wir unsere Beziehung zu anderen – beruflich wie privat – gestalten. Die zentrale Frage, die wir hierfür beantworten müssen, lautet:

- *Was ist mir wirklich wichtig* und zwar bezogen auf alle vier Lebensbereiche: »Arbeit/Leistung«, »Sinn/Kultur«, »Körper/Gesundheit« und »Familie/Kontakt«?

Daraus können wir dann die Antworten auf die Fragen ableiten:

- Von welchen *Prinzipien/Werten* lasse ich mich in meinem Leben leiten? Und:
- Was muss ich tun, damit sich mein *Leben in Balance* befindet?

Lebensmelodie im Kopf

Wenn wir wissen, was uns wirklich wichtig ist, und unsere zentralen Werte kennen, haben wir sozusagen unsere *Lebensmelodie im Kopf*. Diese vergessen wir nicht, wenn wir einmal zwei, drei Schritte nach links oder rechts oder gar zurück machen. Trotzdem schreiten wir gezielt voran. Und vor allem: Wir lassen uns von einem positiven Lebensgefühl leiten.

Damit wir von einem solchen Lebensgefühl getragen werden, brauchen wir unsere eigene, ganz *persönliche Zeitordnung*.

> Wir dürfen weder das Verlangsamen noch das Beschleunigen zu unserem Ziel erklären. Vielmehr müssen wir unseren eigenen Lebensrhythmus finden.

Eigener Lebensrhythmus

Einen Rhythmus, der zum einen auf die Anforderungen reagiert, die unsere Umgebung an uns stellt, der zum anderen aber auch Rücksicht auf unsere Bedürfnisse nimmt und in dem unser Wertesystem zum Ausdruck kommt. Eines wird bei der Auseinandersetzung mit dem Thema Zeit nämlich oft übersehen:

> Darin, wie wir mit unserer Lebenszeit umgehen, kommt unser Wertesystem zum Ausdruck.

Persönliches Wertesystem

Wenn wir die meiste Zeit unseres Leben darauf verwenden, möglichst viel Geld zu machen, artikuliert sich darin unser *Wertesystem*. Wenn wir viel Zeit mit unserer Familie verbringen, zeigt sich darin unser *Wertesystem*. Wenn wir täglich drei Stunden ins Fitnessstudio gehen, kommt auch darin unser *Wertesystem* zum Ausdruck.

In welche Richtung das Pendel dabei ausschlägt, ist unsere Entscheidung. Es ist unsere Entscheidung, inwieweit wir uns dem gesellschaftlichen Trend zum High-Speed und Nonstop unterwerfen, weil wir zum Beispiel eine Topkarriere machen möchten.

Es ist unsere Entscheidung, wo wir den Schwerpunkt setzen. Aber wenn wir uns für die Topkarriere und viel Geld verdienen entschieden haben, dürfen wir uns nicht beklagen, dass uns kaum noch Zeit für Muße bleibt. Umgekehrt gilt: Wenn wir uns für mehr Muße in unserem Leben entschieden haben, dürfen wir nicht darüber klagen, dass andere mehr Geld haben.

Bei der Suche nach unserem Lebensrhythmus sollten wir *sieben Grundregeln* beachten.

1. Pausenlosigkeit macht krank. Diese Erkenntnis ist uralt. Sie manifestiert sich schon im biblischen Schöpfungsmythos, dem zufolge Gott am siebten Tag der Schöpfung ruhte. *Pausenlosigkeit raubt unserem Leben die Höhepunkte, weil sie uns die Zeit zum Genießen stiehlt.*

2. Alles hat seinen Ort und seine Zeit. Es gibt Phasen, in denen ein *Beschleunigen* nötig ist, und Zeiten, in denen ein *Verlangsamen* wichtig ist. *»Alles hat seinen Ort und seine Zeit«* bedeutet aber auch, dass manche Entwicklungen nur eintreten bzw. von uns nur eingeleitet werden können, wenn die Zeit hierfür gekommen ist.

Chronos und Kairos

Schon die alten Griechen wussten das. Sie unterschieden zwischen *Chronos*, der Zeit, wie wir sie mit unseren Uhren messen und die im Sekundentakt abläuft, und *Kairos*, der reifen Zeit. Wir sagen beispielsweise »der Auftrag ist reif«, wenn wir schon so viel Zeit und Energie in einen Kunden investiert haben, dass nun der Zeitpunkt gekommen ist, dass er den Vertrag unterschreiben »muss«. Oder beim Fußballspiel, wenn eine Mannschaft klar überlegen ist und nach vielen vergeblichen Versuchen endlich das ersehnte Tor schießt. Auch dann sagen wir: »Die Zeit war reif dafür.«

Dass die *Zeit reif sein muss*, erfahren wir auch in unserem Alltagsleben: Bestimmte Entscheidungen können wir zu einem bestimmten Zeitpunkt noch nicht treffen, weil wir bzw. die Zeit noch nicht so weit sind. Wir sind noch unsicher oder unschlüssig, obwohl wir das Problem oder die Situation durchdacht haben. Doch plötzlich kommt der Moment, an dem die Zeit reif ist und wir uns entscheiden können.

Zeit muss reifen

> Wir müssen ein Gespür für das richtige Timing entwickeln, also ein Gespür dafür, wann die Zeit reif ist für bestimmte Entscheidungen und Handlungen.

3. Alles braucht seine Zeit. Für diesen Satz gibt es ein klassisches Bild: Es ist nutzlos, wenn ein Gärtner an einem Grashalm zupft, damit dieser schneller wächst. Beschleunigen wird sich dessen Wachstum nicht. Ebenso ist es in vielen anderen Bereichen. Auch hier müssen wir akzeptieren, dass sie ihren eigenen Rhythmus haben. Hierfür einige Beispiele.

Beispiel 1: Wenn wir eine Fremdsprache lernen möchten, können wir uns noch so sehr bemühen, über Nacht wird es uns nicht gelingen, die Sprache zu erlernen. Das heißt: Wir müssen rechtzeitig mit dem Sprachen lernen beginnen, wenn wir zum Beispiel im Urlaub die Sprache gut sprechen möchten, denn eine Sprache zu erlernen, braucht seine Zeit.

Beispiel 2: Wenn wir unsere Kinder zu selbstbewussten Menschen erziehen möchten, können wir nicht auf einen Knopf

Veränderungen?

Notieren Sie, welche Punkte in Ihrem Leben reif für eine Entscheidung/ für ein Verändern sind und was Sie tun wollen.

»Veränderungs-reife Punkte«	Was will ich tun?

Notieren Sie, welche Dinge, die Sie gern in Angriff nehmen würden, oder welche Entscheidungen, die Sie gern treffen würden, noch nicht reif sind. Warum sind sie noch nicht reif?

Noch nicht »veränderungs-reife Dinge«	Warum ist eine Veränderung noch nicht möglich?

drücken und schon strotzen sie vor Selbstsicherheit. Vielmehr muss das Selbstbewusstsein allmählich in ihnen wachsen.

Beispiel 3: Wenn wir eine Vision für unser Leben entwickeln möchten, braucht auch dies seine Zeit. Es ist ein Prozess des Sich-bewusst-Machens und Konkretisierens – bis wir eines Tages genau wissen, was wir wollen.

Grenzen der Beschleunigung

Bei allen drei Beispielen handelt es sich um Prozesse, die ihre Zeit brauchen. Wir können zwar bei manchen die Voraussetzungen schaffen, damit sie schneller ablaufen, aber auch dann können wir ihre Geschwindigkeit nicht beliebig erhöhen. Natürlich können wir zum Beispiel Gras düngen oder mit künstlichem Licht bestrahlen, damit es schneller wächst. Dadurch beschleunigen wir zwar sein Wachstum, trotzdem braucht das Wachsen immer noch seine *Zeit*. Ebenso ist es bei allen Lernprozessen. Auch hier können wir Voraussetzungen schaffen, dass wir schneller lernen. Zum Beispiel indem wir mit einem konsequenten Zeitmanagement dafür sorgen, dass wir öfter ungestört arbeiten können. Oder indem wir uns bessere Lernmedien beschaffen oder nicht allein, sondern im Team lernen. Trotzdem braucht das Lernen seine Zeit.

Beispiel: Essen

4. Die Zeit, die wir einer Sache zugestehen, entscheidet oft über deren Qualität. Oft entscheidet die Zeit, die wir einer Sache bzw. einer Tätigkeit zugestehen, auch über deren Qualität. So ist es zum Beispiel beim *Essen*. Wenn wir zwischen zwei Terminen schnell in der Kantine oder in einem Fast-Food-Restaurant ein Essen verschlingen, so dient dies der reinen Nahrungsaufnahme. Dieses Aufnehmen von Kalorien ist bloß funktional. Anders ist

Beliebig beschleunigen?

Welche Prozesse in Ihrem Leben können Sie nicht beliebig beschleunigen? Unter welchen Voraussetzungen wäre ein Beschleunigen möglich?

Nicht beliebig zu beschleunigende Prozesse	Beschleunigung wäre möglich, wenn …
Beispiel: Weiterbildung	… ich mir genügend Freiräume schaffe und für optimale Lernmedien sorge.
Beispiel: Abnehmen	… ich regelmäßig Sport treibe und meine Ernährung konsequent umstelle.

es, wenn wir uns abends mit Freunden im Restaurant verabreden. Dann wissen wir, dieses gemeinsame Essengehen erfordert seine Zeit – zumindest wenn wir es genießen möchten.

Ähnlich ist es beim *Fortbewegen*. Wenn wir unter der Woche zu unserer Arbeit fahren oder gehen, wollen wir möglichst schnell die Entfernung überwinden und unser Ziel erreichen. Der Weg ist sozusagen ein Hindernis, das es zu überwinden gilt. Anders ist es, wenn wir am Wochenende wandern oder spazieren gehen. Dann ist der Weg das Ziel. Entsprechend viel Zeit nehmen wir uns hierfür. Und erst dadurch wird das Gehen zum Spazieren gehen oder Wandern. Es erhält eine neue Qualität.

Beispiel: Fortbewegen

Oder denken Sie an das *Einkaufen*. Wenn wir zwischen zwei Terminen schnell in ein Geschäft hasten, um uns einen Rock oder ein Hemd zu kaufen, so geht es uns ausschließlich darum, das benötigte Kleidungsstück zu besorgen. Anders ist es, wenn wir uns Zeit nehmen, um durch die Stadt zu schlendern und einen Einkaufsbummel zu machen. Dann ist das Bummeln selbst das Erlebnis. Wenn wir dabei etwas Schönes finden, umso besser; wenn nicht, dann war das Bummeln selbst der Genuss.

Beispiel: Einkaufen

Wir müssen wieder ein Gespür dafür entwickeln, dass alles seine Zeit braucht. Viele unserer Tätigkeiten gewinnen dadurch eine neue Qualität, dass wir uns Zeit für sie nehmen. Wenn wir unser Leben genießen möchten, müssen wir lernen, unser Tun gezielt zu beschleunigen oder zu entschleunigen.

5. Wir müssen die Balance zwischen Kontinuität und Diskontinuität wahren. Ausgehend von der Erkenntnis, dass jede Entwicklung ihre Zeit braucht, können wir die Balance zwischen Kontinuität und Diskontinuität wahren. Wenn wir alles zugleich infrage stellen und verändern wollten, überforderten wir nicht nur uns selbst und unsere eigene Veränderungsfähigkeit, sondern auch unser Umfeld. Hierfür ein Beispiel:

Balance zwischen Bewährtem und Neuem

Beispiel: Menschen, die gerade eine Trennung von ihrem Partner hinter sich haben, geraten manchmal erst dann in eine richtige Lebenskrise, wenn sie zusätzlich an ihrem Arbeitsplatz mit neuen Anforderungen konfrontiert werden und/oder sich eine neue Wohnung suchen müssen. Wenn mehrere Stützpfeiler gleichzeitig wanken, kann ganz schnell der nötige Halt fehlen. Dann geraten wir entweder in Panik oder sind unfähig, mit aktivem Handeln die Balance wieder herzustellen.

Wenig Zeit – wenig »Qualität«

Welche Dinge leiden in Ihrem Leben unter einem Mangel an »Qualität«, weil Sie sich hierfür nicht ausreichend Zeit nehmen? Worin zeigt sich für Sie der Mangel?

Dinge, die an einem »Qualitätsmangel« leiden	**Der Mangel zeigt sich darin, dass …**
Beispiel: Gespräche mit dem Lebenspartner	… sich die Gespräche auf das Regeln der Alltagsarbeit beschränken.
Beispiel: Abnehmen	… das Essen kein Genuss ist, sondern sich auf eine reine Nahrungsaufnahme beschränkt.

6. Kleine Schritte bringen uns ans Ziel. Wir sollten eine große Herausforderung, die uns zunächst nicht zu bewältigen erscheint, in kleine *Teilprojekte* mit vielen kleinen Teilzielen zerlegen, die für sich genommen alle zu bewältigen sind. Ganz ähnlich wie wir es beim Erlernen einer Sprache tun. Erst lernen wir Lektion 1, dann Lektion 2, dann Lektion 3 und so weiter. Indem wir alle Lebensaufgaben als Lebensprojekte behandeln und sie in kleine Teilprojekte bzw. Einzelaufgaben zergliedern, ohne das Gesamtziel zu vergessen, verlieren alle scheinbaren Mammutaufgaben ihren Schrecken. Wir können sie nun Schritt für Schritt abarbeiten und nach jedem Schritt haben wir wieder ein Erfolgserlebnis, weil wir ein Teilziel erreicht haben.

In kleinen Schritten

7. Wir müssen den richtigen Rhythmus zwischen Anspannung und Entspannung finden. Bei allem Bemühen, unser Leben aktiv zu gestalten, dürfen wir aber nicht vergessen: *Pausenlosigkeit* und *High-Speed* machen auf Dauer krank. Nur wenn wir nicht nur lernen, gezielt anzuspannen, sondern auch zu *entspannen*, können wir die nötige Ruhe und Muße finden, bei der wir uns ganz bewusst der Alltagshektik entziehen.

Entspannen

> Wir brauchen Zeitreservate, in denen wir uns nicht *für etwas* Zeit nehmen, sondern *einfach Zeit* haben.

Ruheoasen

Wir benötigen in unserem Leben *Oasen*, in denen wir trödeln und uns regenerieren können. Reservate, in denen wir entweder nicht oder nur für von uns ausgewählte Personen ansprechbar sind. Reservate, in denen wir scheinbar völlig ziel- und zwecklos unseren Tagträumen nachhängen.

Von einer Mammutaufgabe zu Teilzielen

Beispiel für eine Mammutaufgabe, und wie sie in Teilziele untergliedert werden kann.

Aufgabe: Weiterbildung absolvieren

		geplanter Zeitbedarf
Teilziel 1 ⇨	• über Anbieter informieren	2 Wochen
Teilziel 2 ⇨	• Werbeunterlagen besorgen	1 Woche
Teilziel 3 ⇨	• sich für einen Anbieter entscheiden	2 Wochen
Teilziel 4 ⇨	• sich anmelden	3 Tage
Teilziel 5 ⇨	• Lernmedien/-mittel besorgen	2 Wochen
Teilziel 6 ⇨	• 1. Lektion durcharbeiten	4 Wochen
Teilziel 7 ⇨	• Lerninhalte üben	2 Wochen
Teilziel 8 ⇨	• 2. Lektion durcharbeiten	4 Wochen
Teilziel 9 ⇨	• …	2 Wochen

Entscheiden Sie sich für eine Aufgabe, die Sie im nächsten Jahr bewältigen möchten, und untergliedern Sie diese anhand des obigen Schemas in Teilaufgaben, die Sie in überschaubarer Zeit bewältigen und abhaken können.

Aufgabe:

		geplanter Zeitbedarf
Teilziel 1 ⇨	•	
Teilziel 2 ⇨	•	
Teilziel 3 ⇨	•	
Teilziel 4 ⇨	•	
Teilziel 5 ⇨	•	
Teilziel 6 ⇨	•	
Teilziel 7 ⇨	•	
Teilziel 8 ⇨	•	
Teilziel 9 ⇨	•	

Wir müssen uns von dem Selbstbild verabschieden, dass wir stets aktiv und voller Energie sind.

Dieses Selbstbild pflegen wir gern, es entspricht aber nicht der Realität. Nicht nur bei uns, sondern bei allen Menschen. Deshalb wurde zum Beispiel die Fiktion vieler Medienwissenschaftler vom aktiven Fernsehzuschauer nie Realität. In unserer Freizeit wollen wir eben nicht immer anspruchsvollen Diskussionen lauschen und wichtige Informationssendungen anschauen. Oft wollen wir uns einfach nur berieseln lassen. Wir schauen Seifenopern, ergötzen uns an Comedy-TV und sehen Filme, bei denen die Rollen gut und böse klar verteilt sind und stets der Gute siegt. Oder wir lesen irgendwelche Zeitschriften, versinken in Kriminalromanen oder machen gar nichts.

Einfach relaxen wollen

Dieses Trödeln, *Faulenzen*, scheinbare *Nichtstun* ist aber wichtig, denn auch das Entstehen neuer Gedanken braucht seine Zeit. Sie entstehen nicht, indem wir den Hebel umlegen und von einem Moment zum nächsten von Aktivität auf Nichtstun schalten. Das sehen Sie beispielsweise in Urlaubssituationen. In den ersten Urlaubstagen sind wir oft noch mit dem Verarbeiten des Vergangenen und mit Abschalten beschäftigt. Nach einiger Zeit, wenn wir einen gewissen Grad an Erholung und innerer Distanz gewonnen haben, steigen allmählich neue Gedanken und Ideen in uns auf. Ähnlich ist es beim Spazierengehen. Auch hier stapfen wir oft lange vor uns hin und plötzlich, ohne dass wir eigentlich daran gedacht haben, steigt in unserem Kopf die Lösung für ein Problem auf, mit dem wir uns in den zurückliegenden Wochen schon lange beschäftigt haben.

Mut zum Faulsein

Zeitinseln und -reservate

Welche Zeitinseln/Zeitreservate gönnen Sie sich? Im Alltag? Im Laufe eines Jahres?

Im Alltag	Im Laufe des Jahres
Beispiel: morgens in Ruhe eine Tasse Kaffee trinken	Beispiel: Kurzurlaub im Winter
Beispiel: abendlicher Spaziergang	Beispiel: Teilnahme an einem Meditationskurs

Lebensrhythmus finden

Dass wir den *richtigen Rhythmus* für unser Leben finden müssen, beweist schon unser Biorhythmus, die Art und Weise, wie sich die Schlaf- und Wachphasen in unserem Leben abwechseln. Dieser Wechsel vollzieht sich in einem etwa gleich bleibenden Rhythmus: Alle sieben Stunden brauchen wir eine Schlaf- oder Ruhepause. Nachts beträgt sie ungefähr sieben Stunden, am Tag sollte die Pausenlänge mindestens 20 Minuten betragen. Gefährlich wird es, wenn wir zum Beispiel aufgrund von Schlafstörungen oder Arbeitsüberlastung regelmäßig nur drei oder vier Stunden schlafen. Dann ist unser Rhythmus gestört. Die Auswirkungen auf unsere Gesundheit, unsere Leistungskraft und unsere Beziehungen zu anderen Menschen sind unübersehbar. Ganz ähnlich ist es in Bezug auf unser Leben im Ganzen. Auch hier geht es nicht darum, dieses mit starren Zeitplänen oder Lebensvorstellungen zu strukturieren. Vielmehr müssen wir den *richtigen Rhythmus finden*, damit wir gleich einem Tänzer mit federnden Schritten durch unser Leben schreiten.

Kapitel 15

Das nötige »CLICK« in unserem Kopf

Häufiger umorientieren

Niemand kann heute mit Sicherheit sagen, wie unser Lebensumfeld in zehn, zwanzig Jahren aussehen wird. Nur eines ist gewiss: *Wir werden uns künftig beruflich und privat häufiger neu- und umorientieren müssen.* Außerdem werden wir mit dem Wissen, mit dem wir heute erfolgreich sind, nicht notwendigerweise auch künftig erfolgreich sein.

Unser Lebensumfeld wird so komplex sein, dass wir darüber hinaus gar nicht mehr über alles Wissen, das wir für eine rational fundierte Entscheidung benötigen würde, verfügen können. Das Sammeln aller relevanten Fakten würde so lange dauern, dass sich die Situation in der Zwischenzeit vermutlich völlig verändert hätte. Folglich müssten wir, sobald alle Fakten vorliegen, erneut mit der Recherche beginnen. Mit Rationalität und Faktenwissen allein kommen wir daher nicht weiter.

Deshalb, so vermutet die Trendforscherin Faith Popcorn, werden wir künftig zum Beispiel bei Bewerbungsgesprächen neben den klassischen Intelligenztests auch »Tests der emotionalen Intelligenz« bearbeiten müssen. Auch in den Schulen werden neben den klassischen Lerninhalten »Aspekte wie Kongenialität, Talentreichtum und Einsatz für die Gemeinschaft eine neue, größere Bedeutung erlangen«. (Popcorn 1999, Seite 218)

Mit dieser Vermutung liegt Popcorn wahrscheinlich sehr richtig. Mit Logik allein kommen wir nicht weit. Um künftige Situationen zu antizipieren oder komplexe Zusammenhänge zu erfassen, benötigen wir auch *Intuition*. Sobald es aber darum geht, Konsequenzen für unser Handeln zu ziehen, ist wieder unser analytisches Denken gefragt. Deshalb sollte die Formel nicht lauten: Emotionale statt klassische Intelligenz *oder* Intuition statt Logik, sondern vielmehr: emotionale *und* klassische Intelligenz, Intuition *und* Logik.

Intuition und Logik

Intuition und Logik allein bedeuten aber noch nicht, dass wir auch aktiv werden und erfolgreich sind. Was erfolgreiche Menschen von weniger erfolgreichen unterscheidet, fasst Faith Popcorn in einem Wort zusammen: »CLICK«. Die Anfangsbuchstaben dieses Anagramms stehen für folgende Merkmale:

- C = Courage
- L = Loslassen
- I = Intuition
- C = Charakterstärke
- K = Know-how

»Viel zu viele von uns gehen durchs Leben und fühlen sich, als seien sie aus dem Takt geraten, als würden sie ständig ihren Erwartungen hinterherlaufen. Irgendetwas klickt einfach nicht: der Job, eine Idee, ein Produkt, ein Ort, die Summe dessen, was wir tun und wohin wir gehen. Wir tasten herum und versuchen, die richtige Kombination zu finden, um ein neues Leben beginnen zu können. Und dann ganz plötzlich macht es click.« (Popcorn 1999, Seite 14)

Courage

Dieses Wort steht zu Recht ganz oben. Viele Menschen fehlt einfach der Mut, *ihr Schicksal in die Hand zu nehmen*. Statt zu handeln, schwelgen sie in Selbstmitleid über die Ungerechtigkeit der Welt. Warum hat mein Nachbar eine ihn liebende Lebenspartnerin und ich nicht? Warum verdient ein Bekannter 5 000 Euro und ich nicht? Warum steigt mein Kollege die Karriereleiter höher und ich nicht? Sie übersehen dabei, dass »erfolgreiche« Menschen sich durch Folgendes von ihnen unterscheiden: Sie werden aktiv und riskieren die Möglichkeit zu scheitern.

Wenn ich zum Beispiel eine neue Stelle möchte, die mir mehr Erfüllung und/oder mehr Gehalt verspricht, muss ich den ersten Schritt machen. Nur wenige Menschen werden von Headhuntern angerufen, die ihnen neue Stellen auf dem Silbertablett servieren. Zunächst versuche ich, die große Herausforderung »Bewerbung« in mehrere Teilziele zu gliedern. Das heißt: Ich muss die Stellenanzeigen auswerten. Ich muss für mich entscheiden, ob ich bereit wäre, in eine andere Stadt zu ziehen. Ich muss mich eventuell weiterbilden, bevor ich mich bewerbe, weil ich nur dann einen besseren Job bekomme. Und so weiter. Damit schaffe ich die Voraussetzungren, um erfolgreich zu sein. Ich kann aber auch trotz aller Mühen nur Absagen bekommen und somit (vorläufig) mit meinem Bemühen scheitern.

Teilziele bilden

In vielen Bereichen ist *Mut* der erste Schritt zum Erfolg. Wenn ich meinem Chef nie sage, dass ich mich für eine andere Aufgabe interessiere, darf ich mich nicht wundern, wenn er mir diese Aufgabe nicht offeriert. Wenn ich auf einer Party stets davor zurückschrecke, auf Personen, die mich interessieren, zuzugehen und sie anzusprechen, komme ich vielleicht nie mit ihnen in Kontakt.

Mutlos?

In welchen Situationen fehlt Ihnen regelmäßig der Mut, aktiv zu werden? Warum?

Situation	Mir fehlt der Mut, …	Warum?
Beispiel: Streit mit dem Partner	… Fehler zuzugeben.	Aus Angst, angreifbar zu werden.
Beispiel: Mehr Gehalt fordern	… meinen Chef anzusprechen.	Aus Angst, dass mein Chef »Nein« sagt.

Loslassen

Die meisten Menschen haben von sich ein bestimmtes Bild, das sie ihrer Umgebung vermitteln wollen. Wir möchten, dass andere uns so sehen, wie wir uns selbst sehen. Damit reagieren wir auch auf

Festhalten am Selbstbild

Anforderungen und Erwartungen, die an uns gestellt werden. Aber dieses Selbstbild kann uns daran hindern, aktiv zu werden. Wir trauen uns beispielsweise nicht, andere um Hilfe zu bitten, weil wir Angst haben, dass wir dann hilflos oder unselbstständig wirken, was unser Selbstbild nicht zulassen würde. Wir wagen es nicht, auf andere Personen zuzugehen und ihnen unsere Gefühle und Bedürfnisse zu zeigen, weil wir denken, dass sie uns für schwach halten. Stattdessen halten wir eine Fassade aufrecht, die wir mühevoll aufgebaut haben. Erfolg können wir aber nur haben, wenn wir den Mut zum Loslassen aufbringen. Solange uns das Festhalten an unserem Selbstbild daran hindert, aktiv zu werden, können wir unserem Lebensglück nicht näher kommen. Hierfür ein Beispiel:

Einer meiner Bekannten ist Chefarzt in einer Klinik. Beruflich ist er sehr erfolgreich. Trotzdem ist er seit Jahren sehr unzufrieden und von Zeit zu Zeit sogar depressiv. Er erzählte mir Folgendes:

»Ich habe mein ganzes Leben lang nur funktioniert und reagiert. In der Schule war ich stets der Klassenbeste, weil meine Eltern es von mir erwartet haben. Dabei hätte ich lieber zu den wilden Schülern gezählt, die häufig die Lehrer geärgert haben. Medizin studierte ich nur, weil mein Vater auch Arzt war und erwartete, dass ich als Einserschüler dasselbe werde. Und heute bleibe ich Arzt, weil meine Frau stolz darauf ist, mit einem Chefarzt verheiratet zu sein. Doch eigentlich wäre ich viel lieber Musiker geworden.«

Seit zehn Jahren kenne ich nun den Chefarzt. Und obwohl er sein Problem benennen kann, gelingt es ihm nicht, sich von den Anforderungen, die von außen an ihn gestellt werden, zu lösen. Das Festhalten an seinem Selbstbild lässt es nicht zu, den Erwartungen anderer nicht zu genügen. Zufriedenheit und ein *Leben in Balance* wird ihm so nicht gelingen.

Selbstbilder als Hindernis

Welche Selbstbilder tragen Sie vor sich her, die Sie behindern?

Selbstbild	Mein Selbstbild hindert mich daran, …
Beispiel: Ich brauche niemals Hilfe.	… Schwächen zu zeigen und um Hilfe zu bitten.
Beispiel: Ich muss immer nett sein.	… berechtigte Wut zu zeigen und meine Interessen zu vertreten.

Dieses Ziel erreichen wir nur, wenn wir uns von den *negativen Denksätzen* lösen, die wir verinnerlicht haben. Sätze wie:

- Das kann ich nicht.
- Das macht man nicht.
- Das habe ich in der Vergangenheit so getan. Folglich wird dies auch künftig richtig sein.
- Dafür bin ich zu alt/zu dick.

Sätze wie diese verinnerlichen wir teilweise als Resultat unserer Erziehung, teilweise als Ergebnis unserer Erfahrungen. Solange

Denkmuster loslassen

wir uns von ihnen leiten lassen, finden wir stets eine Entschuldigung, warum wir nicht den Mut haben, unser Leben in die Hand zu nehmen. Erst wenn wir von solchen negativen Denksätzen loslassen, können wir neue Denk- bzw. Leitsätze entwickeln, die unseren Handlungsspielraum vergrößern.

Intuition

Bei dem Versuch, pro-aktiv zu handeln, dürfen wir aber nicht in blinden Aktionismus verfallen. Sonst ist die Gefahr groß, dass wir uns wie Goldhamster in ihren Laufrädern endlos im Kreise drehen. Spüren wir nämlich, dass wir einem Ziel nicht näher kommen, ist die Versuchung groß, dass wir unser Tempo kontinuierlich erhöhen und in immer kürzerer Zeit immer mehr zu erledigen versuchen. Dabei verfehlen wir gerade das, was wir als Lebensziel vor Augen hatten: Statt eines *er-füllten* Lebens führen wir ein *ge-fülltes* Leben. Deshalb ist die Intuition so wichtig.

Das Wichtige tun

Doch was besagt der Begriff *Intuition* eigentlich? Wann erfassen wir eine Situation intuitiv? Genau dann, wenn wir bei einer Vielzahl von Einzelereignissen und Erkenntnissen unmittelbar – das heißt ohne Reflexionsprozess – erfassen, was wesentlich und wirklich wichtig ist. Dann können wir daraus ableiten, was die *richtigen Dinge* sind, die es zu tun gilt.

Vermutlich kommen ihnen diese Sätze vertraut vor. Es sind die Kernsätze des klassischen Selbstmanagements:

- Wir müssen das Wichtige vom Unwichtigen unterscheiden lernen.
- Es ist besser, die richtigen Dinge zu tun, als die Dinge richtig zu tun.

Dies ist kein Zufall. Schließlich sind das klassische Zeit- und Selbstmanagement die zentralen Instrumente, um Life-Leadership zu realisieren.

Lebensvision ausbauen

Eine Situation intuitiv erfassen bedeutet aber mehr. Intuition setzt eine Gesamtsicht voraus. Das heißt, wir müssen eine *Vision* von unserem Leben haben; eine Vision, die alle vier Lebensbereiche umfasst. Nur wenn wir ein möglichst konkretes Bild von unserem künftigen Leben vor Augen haben, können wir intuitiv Zusammenhänge erfassen und daraus wiederum ableiten, welches Handeln notwendig ist, damit wir unser Ziel erreichen.

Begründen können wir unser Gespür dafür, was wirklich wichtig ist oder was die richtigen Dinge sind, Dritten gegenüber oft nicht. Doch wir wissen unmittelbar: Dies ist für mich wichtig! Dies ist für mich richtig! Entwickeln könne wir diese Sicherheit aber nur, wenn wir regelmäßig in uns hineinhorchen und uns fragen: Was ist mir wichtig? Dann lernen wir allmählich immer besser, das Wichtigste vom Unwichtigen zu unterscheiden.

Charakterstärke

Wenn wir spüren »Das ist für mich wichtig« ist ein wichtiger Schritt getan, damit wir unser Ziel Lebenserfolg erreichen. Dies genügt aber nicht. Um ein Ziel zu erreichen, brauchen wir Charakterstärke. In diesem Wort fasse ich mehrere Eigenschaften zusammen. Unter anderem die Fähigkeit, gegen Widerstände und Widerspruch von außen an unserer Linie festzuhalten und auf unsere innere Stimme zu hören. Das ist nicht immer leicht, vor allem wenn wir Widerspruch von Menschen bekommen, die

Auf die innere Stimme hören

uns wichtig sind. Kaum äußert jemand Widerspruch, nehmen wir Verhaltensweisen oder Positionen zurück, obwohl wir

eigentlich wissen, was wir wollen. Ähnlich ist es, wenn sich der Erfolg nicht sofort einstellt. Ein Scheitern kann bewirken, dass wir wieder in alte Denkmuster verfallen: »Das kann ich nicht«, »Das habe ich mir gleich gedacht, dass dies nicht funktioniert«, »Das kann ich auch morgen noch tun.« Deshalb brauchen wir, um *Leader-of-our-Life* zu werden, auch eine gewisse Konsequenz und Härte gegen uns selbst.

Innerer Schweinehund

Das bedeutet zweierlei: Zum einen müssen wir lernen, trotz eines Scheiterns einen erneuten Versuch zu wagen. Dies ist insbesondere bei neuen Verhaltensmustern wichtig, weil wir uns die alten oft über Jahrzehnte angewöhnt und antrainiert haben. Entsprechend schwer können wir sie überwinden. Zum anderen müssen wir lernen, unseren *inneren Schweinehund* zu überwinden.

Entscheidungen für bzw. gegen etwas treffen

Zum Überwinden des inneren Schweinhundes gehört auch, dass wir manchmal Bedürfnisse für eine bestimmte Zeit aufschieben müssen, weil uns andere Dinge wichtiger sind. Dies können wir nur, wenn wir Klarheit darüber gewonnen haben, was uns wirklich wichtig ist. Damit einher geht, dass wir akzeptieren, dass mit jeder Entscheidung *für* eine Sache die Entscheidung *gegen* viele andere Dinge verbunden ist.

Beispiel 1: Wenn ich mich für eine Karriere als Berater entschieden habe und ich zwei Drittel des Jahres Projekte bei Unternehmen habe, die bundesweit verstreut sind, kann ich nicht gleichzeitig meine Kinder bei ihren Hausaufgaben betreuen.

Der innere Schweinehund

Wo fehlt Ihnen zum Teil die nötige Härte und Konsequenz gegen sich selbst, um Ihre Lebensziele zu erreichen? Wo müssen Sie Ihren inneren Schweinhund überwinden?

Lebensziel	Welchen inneren Schweinehund muss ich überwinden?
Beispiel: Regelmäßig joggen	Trägheit, Laschheit am Abend
Beispiel: Beruflicher Erfolg	Weglaufen vor schwierigen Aufgaben

Beispiel 2: Wenn ich mich dafür entschieden habe, Vater oder Mutter mehrerer Kinder zu werden und das Familieneinkommen brutto nur 3 000 Euro beträgt, kann ich mit meiner Familie nicht jährlich mehrere Wochen in die Karibik zum Tauchen fliegen, eine Woche zum Skifahren nach Davos fahren und im Frühjahr zudem noch eine Woche Wellness-Urlaub auf Mallorca machen.

Solange wir nicht lernen, Ja und Nein zu sagen und zu unserem Ja und Nein zu stehen, werden wir nie unser Lebensziel Lebensglück erreichen. Vielmehr werden wir stets auf der Ebene des mittelmäßigen, weil unentschlossenen Jeins verweilen.

Know-how

Mut aufbringen

Sich das für den Beruf oder andere Bereiche notwendige Fachwissen anzueignen, ist natürlich eine wesentliche Voraussetzung für bestimmte Erfolge. Unser Wissen ist aber nur ein Hilfsmittel, um einerseits die *richtigen Entscheidungen* zu treffen und um andererseits unsere Entscheidungen auch umzusetzen. All unser Know-how nützt uns aber nur, wenn wir die Kraft und den Mut aufbringen, aktiv zu werden und unsere Entscheidungen gegen innere und äußere Widerstände durchzusetzen.

Beispiel: Um uns für die für uns richtige Ausbildung zu entscheiden, müssen wir zunächst unsere Neigungen, Fähigkeiten und Stärken kennen. Außerdem müssen wir uns darüber im Klaren sein, was uns in Bezug auf das Berufsleben wichtig ist. Eine sichere Stelle? Große Entfaltungsmöglichkeiten? Gute Aufstiegschancen? Ein hoher Verdienst? Erst dann können wir das Wissen, das wir über die einzelnen Berufe haben, gezielt nutzen, um die richtige Entscheidung zu treffen.

Kapitel 16

Ruhe und Gelassenheit entwickeln

Alles noch so spezifische Wissen nützt wenig, wenn wir nicht danach streben, das nötige

- Selbstbewusstsein,
- Selbstvertrauen und
- Selbstwertgefühl

zu entwickeln, damit wir in der Lage sind, uns den Herausforderungen des Lebens zu stellen. Es zeigt sich nämlich immer wieder, dass Menschen, die über ein geringes Selbstbewusstsein und Selbstvertrauen verfügen, auch nur schwer ihre Lebensziele erreichen.

Eigene Hindernisse

- Sie stellen Ihre Lebensziele und Ihr Handeln, sobald sie den ersten *Widerstand* spüren (oder zu spüren glauben), sofort infrage,
- Sie gelangen wegen ihrer *Selbstzweifel* oft erst, wenn Krisen sie dazu zwingen, in Aktion und
- Sie können Erfolge, weil sie diese sofort *infrage stellen*, nur schwer genießen.

Das zentrale Ziel sowohl unserer Kindererziehung als auch unserer Selbsterziehung sollte daher darin liegen, eine positive und starke Grundhaltung zu uns selbst und den Herausforderungen des Lebens zu entwickeln. Eine solche Grundhaltung kann sich aus folgenden Denksätzen zusammensetzen:

- Ich bin ich (Selbstwertgefühl).
- Ich kann es, wenn ich es wirklich will (Selbstvertrauen).
- Es ist besser, einen Versuch zu wagen, das Leben aktiv zu gestalten, als aus Angst vor einem Scheitern auf eine aktive Lebensgestaltung zu verzichten. Wenn ich einen Versuch wage, weiß ich, wenn ich scheitere, zumindest: Ich habe die Kraft, einen Versuch zu wagen. Folglich kann ich auch einen zweiten Versuch wagen, zumal ich aus meinem ersten Versuch etwas gelernt habe (Selbstbewusstsein).

Positive Grundhaltung

Wenn wir eine solche Grundhaltung entwickeln, sind wir für unser künftiges Leben gewappnet. Selbst wenn wir bei bestimmten Aufgaben Angst vor einem Scheitern haben, gehen wir dennoch das Risiko ein. Deshalb können wir auch komplexe Aufgaben in Angriff nehmen, bei denen im Voraus nicht absehbar ist, ob wir sie schaffen. Denn wir erleben ein Scheitern nicht mehr in erster Linie als Niederlage und daher stellt es auch nicht unser Selbstwertgefühl infrage. Vielmehr stärkt die Tatsache, dass wir einen Versuch gewagt haben, unser Selbstvertrauen.

Im vergangenen Jahr lernte ich während meines Urlaubs einen Vater kennen, der seinen Kindern eine solche Lebenshaltung vermittelte. Beim Herumtollen seiner vier- und sechsjährigen Kinder geschah es immer wieder, dass eines der Kinder hinfiel oder sich irgendwo anstieß. Begann es daraufhin zu weinen, ging der Vater zu dem Kind und tröstete es. Nach einiger Zeit erhob er aber stets spielerisch seine linke Hand und sagte schmunzelnd: »Aber …«, woraufhin das betreffende Kind meist ergänzte: »…macht nichts.« Meistens fingen dann beide an zu lachen, und das Kind begann wieder herumzutollen. Deutlich spürte man, dass sich diese Art, auf »Niederlagen« zu reagieren, zwischen dem Vater und seinen Kindern zu einem richtigen Ritual entwickelt hatte. Der Vater versuchte, seinen Kindern eine positive Grundhaltung zum Leben zu vermitteln. Er versuchte ihnen zu zeigen, dass das Scheitern ein normaler Bestandteil unseres Lebens ist.

Aber macht nichts!

Entscheidend ist nicht, ob wir scheitern, sondern ob wir danach wieder aufstehen und weitermachen.

Entwickeln wir eine solche *Gelassenheit* gegenüber unserem möglichen Scheitern, dann verliert das Scheitern seinen Schrecken. Eine solche Haltung darf nicht mit Gleichgültigkeit verwechselt werden. Sie resultiert vielmehr aus der Gewissheit:

Gelassenheit entwickeln

- Ich habe mein Bestes versucht.
- Nun bin ich zwar gescheitert, aber wenn ich es nicht versucht hätte, wäre ich meinem Ziel auch keinen Schritt näher gekommen.
- Ich kann einen zweiten Versuch wagen.

Das heißt: Das Scheitern stellt nicht mehr unser Selbstwertgefühl infrage. Vielmehr stärkt die Tatsache, dass wir es versucht haben, unser Selbstvertrauen. Zugleich wächst in uns die Gewissheit: Wenn ich es erneut versuche, kann ich zwar erneut scheitern, ich kann aber dieses Mal auch ans Ziel kommen, weil ich aus dem ersten Mal etwas gelernt habe.

Wenn wir eine solche *Grundhaltung* entwickeln, bei der wir ein Scheitern nicht zwangsläufig als Niederlage erleben, sondern aus der Tatsache, dass wir es versucht haben, Selbstvertrauen tanken, können wir auch ein Scheitern leichter bewältigen. Dann können wir auch unserer Zukunft bzw. den Anforderungen, die sie an uns stellt, gelassener entgegensehen. Mit einer solchen Gelassenheit können wir *Life-Leader* werden.

Life-Leader werden

Diese gelassene Grundhaltung möchte ich mit den Worten *»Schau'n wir mal«* umschreiben. Wer kennt sie nicht aus dem Mund von »Kaiser« Franz. Beckenbauer hat, basierend auf den Erfolgen seiner Vergangenheit, die innere Gewissheit entwickelt: Ich kann die unterschiedlichsten Herausforderungen meistern. Oft zwar nicht im ersten Anlauf, aber irgendwie habe ich es immer geschafft. Egal ob als Fußballspieler im Verein oder in der Nationalelf, ob als Trainer der Nationalmannschaft oder als Chef des Bewerbungskomitees für die Fußball-WM im Jahr 2006 in Deutschland. Warum sollte ich also künftige Herausforderungen nicht meistern, selbst wenn ich heute noch nicht weiß,

Gelassenheit als Grundhaltung

- was nötig ist, um dieses Ziel zu erreichen, und
- welcher Weg mich zum Ziel führt?

Welch *tolles Lebensgefühl*! Welch innere Stärke und Zuversicht dokumentiert sich in einer solchen Lebenshaltung. Was gibt es Schöneres als mit einer solchen Gelassenheit der Zukunft entgegenzusehen? Wovor sollten wir bei einer solchen Lebenshaltung noch Angst haben?

Positives Lebensgefühl

Eine solche *Gelassenheit* können auch Sie entwickeln, denn ganz gleich, wie Ihr Leben sich heute gestaltet, machen Sie sich bewusst: Sie haben sich in Ihrem Leben schon auf viele Risiken eingelassen und Lebenssituationen aktiv gemeistert. Warum sollte Ihnen dies künftig nicht gelingen?

Herausforderung ohne Erfolgsgarantie

Welche Herausforderungen haben Sie in der Vergangenheit schon angenommen, in denen Ihnen der Erfolg zuvor nicht sicher war?

Herausforderung	Worin bestand die Herausforderung?
Beispiel: Umzug in eine andere Stadt	Neue Freunde zu finden, sich einzuleben.
Beispiel: Chef kritisieren	Den Mut aufzubringen, den Chef anzusprechen, und mögliche Nachteile zu akzeptieren.

Auch wenn Sie bisher noch nicht Weltmeister wurden, gilt: Sie haben bereits ein erhebliches Stück Lebensweg zurückgelegt und dabei neben manchen Niederlagen auch schon viele Siege errungen. Doch leider neigen wir Menschen nicht nur dazu,

No risc – no fun

eher die Gefahren als die Chancen zu sehen, die die Zukunft für uns bereithält, sondern wir neigen auch dazu, mehr auf unsere Niederlagen als auf unsere Erfolge zu sehen. Dabei entpuppen sich mache Niederlagen bei näherem Hinschauen oft zwar nicht als glorreiche, aber doch als kleine Siege. Hierfür ein Beispiel:

Vor fünf, sechs Jahren sprach ich mit einem Freund, der gerade eine sehr schwierige Scheidung hinter sich hatte, darüber, ob er seine Entscheidung, seine Exfrau geheiratet zu haben, bereue. Er schaute mich erstaunt an und sagte: »Nein! Wieso? Als wir heirateten, wollte ich es, weil ich sie liebte. Danach hatten wir zwei, drei schöne Jahre, bevor der ganze Ehekrieg begann. Und heute haben wir noch eine tolle gemeinsame Tochter, die ich ohne meine Exfrau nicht hätte.«

Mir imponierte diese Ruhe und Gelassenheit. Warum? Wir neigen oft dazu, wenn wir in einer Sackgasse angelangt sind, nicht mehr zu sehen, was uns auf dem Weg dorthin auch Positives widerfahren ist.

Ähnlich reagierte mein Freund, als ich ihn, kurz bevor er erneut heiratete, fragte, ob er aufgrund seiner gescheiterten ersten Ehe keine Angst habe, dass seine zweite Ehe auch scheitern könnte. Erneut war seine Antwort: »Nein! Wieso? Dies ist doch eine andere Frau. Warum sollte dann auch der zweite Versuch scheitern? Außerdem habe ich durch die gescheiterte erste Ehe viel gelernt.«

Seine Zuversicht und Gelassenheit imponierten mir, weil wir oft dazu neigen, unser Scheitern in der Vergangenheit auf alle

Just do it!

künftigen Situationen zu übertragen. Wir übersehen dabei, dass allein die *Tatsache, es versucht zu haben*, uns von vielen anderen Menschen unterscheidet, die es nie versucht haben. Wir übersehen zudem, dass wir aus unserem Versuch Konsequenzen für die Zukunft ziehen können. Folglich können wir beim zweiten Versuch von einer anderen Basis aus starten. Kein Leben besteht nur aus Siegen. Entscheidend ist daher nicht, ob wir scheitern, sondern wie wir mit unserem Scheitern umgehen.

Dass wir eine solche *Gelassenheit* entwickeln, wird künftig für unseren Lebenserfolg immer wichtiger

Positives Scheitern

Bei welchen Versuchen, Ihr Leben aktiv zu gestalten, sind Sie schon gescheitert? Was haben Sie Positives aus Ihrem Versuch mitgenommen?

Gescheiterter Versuch	Das habe ich Positives mitgenommen
Beispiel: Versöhnung mit den Eltern	Ich habe kein schlechtes Gewissen und weiß, dass es nicht am mir liegt.
Beispiel: Stelle verloren	Ich habe Berufserfahrung gesammelt und fünf Jahre ohne finanzielle Sorgen gelebt.

Lebens- erfahrung durch Gelassen- heit

werden. Wenn unser Lebensumfeld komplexer wird, ist es schwieriger zu entscheiden, ob wir durch bestimmte Handlungen unser Ziel erreichen können. Ein Scheitern ist immer möglich. Ein solches Scheitern kostet uns zwar Kraft, es darf aber nicht unser Selbstwertgefühl tangieren. Sonst geraten wir schnell in einen Teufelskreislauf, der Erfolge geradezu verhindert.

Wer als Kind zum Beispiel von seinen Eltern immer wieder »Du kannst nichts« vermittelt bekommt, wird auch kaum etwas zustande bringen. Aber nicht, weil er grundsätzlich nicht dazu in der Lage wäre, sondern weil ihm das nötige Selbstvertrauen fehlt. Wenn man von vornherein davon ausgeht, dass man etwas nicht kann, wird es einem auch kaum gelingen.

Vor solchen Kreisläufen, die die Psychologen *»sich selbsterfüllende Prophezeiungen«* nennen, müssen wir uns hüten, da sie unser Selbstwertgefühl spiralförmig nach unten ziehen. Denn mit diesen negativen Prophezeiungen konditionieren wir uns so, dass wir scheitern müssen. Natürlich sollten wir irgendwann die Prämissen unseres Handelns hinterfragen, wenn unsere Versuche regelmäßig scheitern. Dies darf aber nicht zu einer dauerhaften Beeinträchtigung unseres Selbstwertgefühls führen. Deshalb ist es wichtig, dass wir uns ein Netzwerk von Personen aufbauen, die wir um Hilfe bitten können, wenn diese Gefahr droht. Hierbei kann es sich sowohl um Freunde, Verwandte und Bekannte handeln als auch um Experten, die wir bei Bedarf zu Rate ziehen.

Netzwerk aufbauen

Zu einem *gesunden Selbstvertrauen* gehört auch zu wissen, wann wir in unserem Alltag auf die Unter-

Schau'n wir mal!

In welchen Situationen sollten Sie mehr Gelassenheit zeigen und eher die Lebenshaltung »Schau'n wir mal« an den Tag legen?

Situation	Warum kann ich mehr Gelassenheit zeigen?
Beispiel: Gelegentlicher finanzieller Engpass	Ich habe solche Situationen schon öfter gemeistert.
Beispiel: Schlechte Noten meiner Kinder	Ich hatte auch öfter schlechte Noten und habe trotzdem etwas erreicht.

stützung von anderen angewiesen sind, und zu akzeptieren, dass wir Grenzen haben und für uns nicht alles möglich ist.

Gesundes Selbstvertrauen

Dabei bewegen wir uns auf einem schmalen Grat. Auf der einen Seite sollte uns bewusst sein, dass wir immer wieder Unterstützung brauchen. Auf der anderen Seite sollten wir wissen, dass *wir* es sind, die den Versuch wagen müssen. Diesen schmalen Grat zu wahren, fällt vielen Menschen in ihrer sich schnell verändernden Umwelt schwer. Deshalb vergleichen

manche Autoren die Menschen im Informationszeitalter, die ein stets höheres Maß an Flexibilität und Mobilität zeigen müssen, mit Nomaden. Dieses Bild ist aber nicht zutreffend.

Nomaden oder Vagabunden?

Nomaden leben stets in Gruppen und ziehen umher. Sie sind in ein soziales Beziehungsgeflecht eingebunden und wissen, wie stark sie auf die anderen Gruppenmitglieder angewiesen sind, gerade weil sie meist in einem von Kargheit geprägten Umfeld leben. Die Gruppe mit ihrem Werte- und Normensystem verleiht ihnen ihre innere Stabilität.

Anders ist dies bei Menschen, denen das Bewusstsein fehlt, dass sie auf die Unterstützung von anderen angewiesen sind, und die sich niemandem verbunden fühlen. Sie sind keine Nomaden, sondern *Vagabunden*. Vagabunden, die keine Wurzeln und folglich auch keinen Halt haben. Entsprechend leicht können sie durch ein Scheitern aus dem Gleichgewicht geraten.

Selbstverantwortung

Problematisch ist es aber auch, wenn wir uns im anderen Extrem verlieren und vergessen, dass letztendlich immer wir dafür verantwortlich sind, einen Versuch zu wagen. Wir führen »sämtliche Missstände der Gesellschaft auf deren Anonymität, Entfremdung, Kälte« zurück. Mit entsprechenden Erwartungen konfrontieren wir unsere Umwelt bzw. unsere Lebenspartner. Wir belasten unsere Beziehungen mit unserem Wunsch nach Sicherheit, Ruhe und Dauerhaftigkeit, weil wir in uns selbst keinen Halt finden. Und wenn unsere Beziehungen dieser Belastung nicht standhalten? Dann sehen wir die Ursache nicht darin, dass wir unsere Partner mit unseren (unausgesprochenen) Erwartungen überfordert haben, sondern wir führen das Scheitern auf Defizite unserer Beziehungspartner zurück. Entsprechend kritisch prüfen wir unsere Mitmenschen, bevor wir eine Beziehung mit ihnen eingehen. Wir erwar-

ten, dass sie uns tragen, weil wir selbst nicht zum Handeln fähig sind.

Richard Sennett bezeichnet ein solches Verhalten als »intime Tyrannei«. (Sennett 2000b, Seite 424). Wir reagieren enttäuscht, wenn sich die anderen von uns zurückziehen, weil wir ihnen die Luft zum Atmen nehmen. Hier die Balance zu finden zwischen Nähe und Verbundenheit einerseits, um dem Schicksal moderner Vagabunden zu entgehen, und Eigenverantwortlichkeit andererseits, um nicht in eine intime Tyrannei zu verfallen, ist nicht einfach. Aber uns bleibt nur, es zu versuchen. Deshalb ist es wichtig, dass wir regelmäßig eine Auszeit nehmen, um uns erneut zu fragen: *Was ist mir in meiner Beziehung zu anderen Menschen wirklich wichtig*? Und: Von welchen Motiven lasse ich mein Handeln leiten?

Balance zwischen Nähe und Distanz

Regelmäßig zurückziehen können wir uns, wenn wir uns von der falschen Vorstellung befreien, wir müssten stets erreichbar sein. Wenn wir immer wieder überprüfen, was uns wirklich wichtig ist und welchen Anforderungen wir genügen möchten und welchen nicht, werden wir zu einem *Leben in Balance* gelangen.

Teil 3

Umsetzungs-Workshop: »Balance Your Life«

Kapitel 17

In 22 Schritten zur Lebens-Balance

1. Ziehen Sie sich aus der Alltagshektik zurück und entwickeln Sie eine Vision von Ihrem Leben.

Übung Geburtstagsrede

Stellen Sie sich vor, Sie feiern in 30 oder 45 Jahren Ihren 75igsten Geburtstag. Malen Sie sich die Umgebung aus. Überlegen Sie, welche Gratulanten gekommen sind. Keine? Nur Ihr ehemaliger Chef? Oder sollen auch Freunde und Verwandte Sie umgeben? Stellen Sie sich nun vor, wie Sie in diesem Kreis sitzen: als jammernder Greis oder als rüstiger Rentner, der sein Leben in vollen Zügen genießt? Wer hält eine Festrede auf Sie? Nur ein Vertreter Ihres früheren Arbeitgebers? Oder ergreifen auch Ihre Kinder, Ihr Lebenspartner und Freunde das Wort? Welche Erfolge und Wesenszüge von Ihnen beschreiben die Redner? Was sollten sie tunlichst verschweigen? Notieren Sie dies in der unten stehenden Liste! Dann wird Ihnen schnell klar, was Ihnen in Ihrem Leben wirklich wichtig ist. Dieses »Spiel« können Sie auch mit Freunden oder Verwandten machen – schnell sind sie dann in ein persönliches Gespräch vertieft. Ihre intimsten Wünsche müssen Sie ihnen ja nicht unbedingt verraten.

Anwesende Person	Was lobt sie an Ihnen?

Übung glücklicher Tag

Stellen Sie sich einen Tag in Ihrer Vergangenheit vor, an dem Sie besonders glücklich/zufrieden waren. Lassen Sie diesen Tag in allen Einzelheiten Revue passieren. Überlegen Sie sich, warum Sie an diesem Tag so glücklich/zufrieden waren. Notieren Sie für jeden Lebensbereich, inwieweit sich dieser Tag von »normalen« Tagen unterschieden hat.

	Unterschied zu einem »normalen« Tag
Sinn/Kultur	
Familie/Kontakt	
Arbeit/Leistung	
Körper/Gesundheit	

2. Definieren Sie ausgehend von Ihrer Vision, was Ihnen wirklich wichtig ist (Lebensziele).

Notieren Sie zu jedem Lebensbereich, was Ihnen wichtig ist.

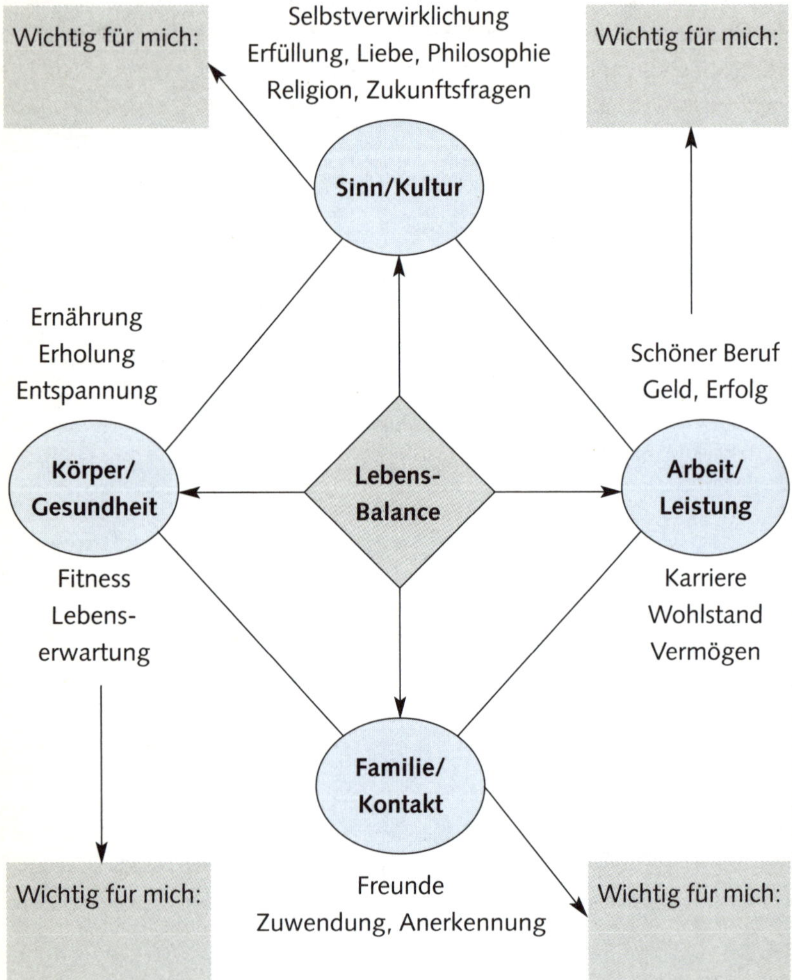

Worin zeigt sich, dass Ihre Lebensziele realisiert sind bzw. dass Sie das, was Ihnen wirklich wichtig ist, erreicht haben?

Lebensziel	Dass mein Lebensziel realisiert ist, erkenne ich daran, dass …
Sinn/Kultur	
Familie/Kontakt	
Arbeit/Leistung	
Körper/Gesundheit	

3. Formulieren Sie ausgehend von den Ergebnissen Ihr Lebensdrehbuch für alle vier Lebensbereiche.

So schreiben Sie Ihr Lebensdrehbuch

Schreiben Sie Ihr Lebensdrehbuch als *bereits realisierten* Wunschzustand auf. Vermeiden Sie Konjunktive, denn Wörter wie »hätte« oder »könnte« nehmen Ihrem Unterbewusstsein den Glauben an die Umsetzungsfähigkeit Ihrer Ziele. Haben Sie keine Idee, wie Sie anfangen sollen? Fangen Sie einfach an mit: »Ich bin ein/eine ...« und legen Sie ohne Punkt und Komma los.

Hierfür zwei Beispiele:

Lebensbereich Familie/Kontakt
»Ich habe mit meiner Frau eine glückliche Beziehung, die auf Liebe, Vertrauen und gegenseitigem Respekt beruht. Unsere Kinder empfinden Ihre Eltern als Beschützer und Helfer, aber auch als Freunde und Spielgefährten. In unserem Freundeskreis sind wir regelmäßig in einer kleinen Gruppe von Menschen eingebunden, die wie wir ein Interesse an echten Beziehungen und nicht nur oberflächlichen Bekanntschaften haben.«

Lebensbereich Familie/Kontakt
»Gemeinsam mit meiner Frau betreibe ich eine gut gehende Unternehmensberatung, in der wir eine klare Rollenverteilung haben: Während ich die kaufmännische Beratung leiste, arbeitet meine Frau in den Bereichen Mitarbeiterführung und Motivation. Unsere Kunden kommen gern zu uns, da sie das Gefühl von Vertrauen und Kompetenz bei uns haben. Durch dieses Zusammenspiel von beruflichen und privaten Gemeinsamkeiten führe ich ein harmonisches und unabhängiges Leben, das mich erfüllt.«

4. Was steht dem Erreichen Ihrer Lebensziele im Wege?

Lebensziel	Dem Erreichen meines Lebensziels steht im Wege, dass …
Sinn/Kultur	
Familie/Kontakt	
Arbeit/Leistung	
Körper/Gesundheit	

Welche zusätzlichen Veränderungen könnten sich in den nächsten fünf Jahren ergeben, die Sie am Erreichen Ihrer Lebensziele hindern? Welche Indizien sprechen dafür?

Lebensziel	Künftige Veränderungen	Indizien
Sinn/Kultur		
Familie/Kontakt		
Arbeit/Leistung		
Körper/Gesundheit		

5. Was sollten Sie tun, damit Sie Ihre Lebensziele erreichen?

Lebensziel	Was sollte ich tun?
Sinn/Kultur	
Familie/Kontakt	
Arbeit/Leistung	
Körper/Gesundheit	

6. Welche wichtigen (Bezugs-)Personen geben Ihnen (emotionalen) Halt und unterstützen Sie so beim Erreichen Ihrer Ziele?

Lebensziel	Meine Unterstützer
Sinn/Kultur	
Familie/Kontakt	
Arbeit/Leistung	
Körper/Gesundheit	

7. Warum ist Ihnen die Beziehung zu diesen Personen wichtig?

Notieren Sie Ihre wichtigsten Bezugspersonen und warum diese für Sie so wichtig sind.

Person	Sie ist mir wichtig, weil …

Notieren Sie, welche Beziehungen Sie weiter vertiefen möchten? Wie?

Person	Wie?

8. Welche Ihrer (Lebens-)Ziele lassen sich am schwersten mit denen Ihrer wichtigsten Bezugspersonen vereinbaren?

Notieren Sie, was Ihren Bezugspersonen wichtig ist.

Bezugsperson	Meine Bezugsperson will …
Sinn/Kultur	
Familie/Kontakt	
Arbeit/Leistung	
Körper/Gesundheit	

Übung: Überlegen Sie sich, warum Sie in der Vergangenheit mit Ihren wichtigen Bezugspersonen in Streit gerieten, und leiten Sie daraus ab, was diesen wichtig ist. Ergänzen Sie obige Liste.

Notieren Sie Ihre Lebensziele, die Lebensziele Ihrer Bezugspersonen und warum diese miteinander kollidieren.

Mein Lebensziel	Lebensziel meiner Bezugsperson	Beide Lebensziele kollidieren, weil …
Sinn/Kultur		
Familie/Kontakt		
Arbeit/Leistung		
Körper/Gesundheit		

9. Zu welchen Kompromissen/Zugeständnissen sind Sie bereit, damit Ihre Beziehung zu Ihren wichtigsten Bezugspersonen für beide Seiten befriedigend wird/bleibt?

Notieren Sie die Zielkonflikte aus obiger Liste und überlegen Sie sich ein Kompromissangebot an Ihre jeweilige Bezugsperson.

Zielkonflikt	Mein Kompromissangebot
1	
2	
3	
4	
5	

Übung: Überlegen Sie sich, in welchen Bereichen Sie zu keinem Kompromiss bereit sind.

10. Ist Ihre Lebenszielplanung mit der Planung Ihrer wichtigsten Bezugspersonen vereinbar?

Bezugsperson	Lebenszielplanung harmoniert?
	☐ ja ☐ nein, weil …
	☐ ja ☐ nein, weil …
	☐ ja ☐ nein, weil …
	☐ ja ☐ nein, weil …
	☐ ja ☐ nein, weil …

11. Formulieren Sie Ihre Lebensziele – sofern nötig – neu.

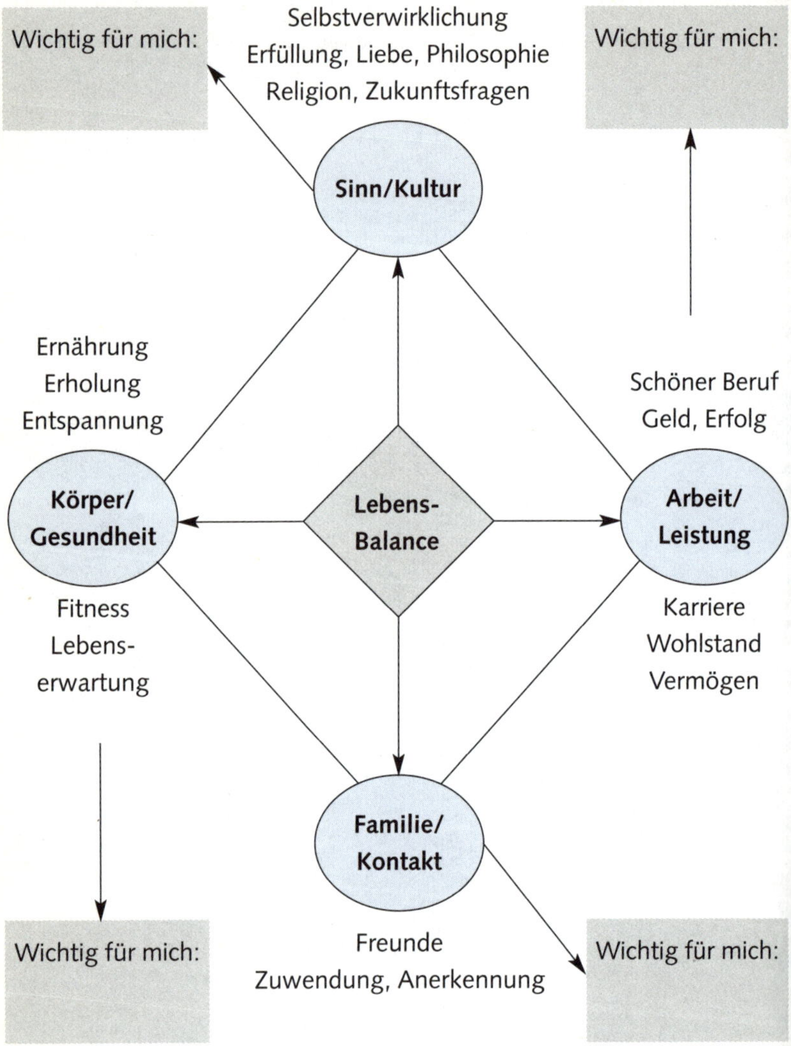

Lebensziel	Dass mein Lebensziel realisiert ist, erkenne ich daran, dass …
Sinn/Kultur	
Familie/Kontakt	
Arbeit/Leistung	
Körper/Gesundheit	

12. Formulieren Sie aufgrund dieser Analyse – sofern nötig – Ihr Lebensdrehbuch neu.

So schreiben Sie Ihr (neues) Lebensdrehbuch

Lesen Sie nochmals Ihr Lebensdrehbuch, das Sie in Aufgabe 3 (Seite 216) formuliert haben, und beginnen Sie erneut mit: »Ich bin ein/eine …«.

13. Mit welchen Ihnen wichtigen Personen wollen Sie über Ihre Ziele sprechen und eine wechselseitige Vereinbarung treffen?

Meine Bezugsperson	Mein Lebensziel	Ziel der Vereinbarung	Bis wann?

14. Welche (Teil-)Ziele möchten Sie in den kommenden fünf Jahren/im nächsten Jahr erreichen?

Leiten Sie aus Ihren Lebenszielen in den vier Lebensbereichen Teilziele ab, die Sie in den nächsten fünf Jahren erreichen möchten.

Lebensziel	Teilziele in fünf Jahren
Sinn/Kultur	
Familie/Kontakt	
Arbeit/Leistung	
Körper/Gesundheit	

Leiten Sie aus den Zielen, die Sie in den nächsten fünf Jahren erreichen wollen, Teilziele für das nächste Jahr ab.

Ziele in fünf Jahren	Teilziele im nächsten Jahr
Sinn/Kultur	
Familie/Kontakt	
Arbeit/Leistung	
Körper/Gesundheit	

15. Worauf sind Sie bereit zu verzichten, damit Sie Ihre Lebensziele erreichen?

Ich bin bereit zu verzichten auf …

16. Welche »Lebenshüte« müssen Sie ablegen, damit Sie sich auf das Erreichen Ihrer Ziele konzentrieren können?

Notieren Sie zunächst alle »Hüte« und streichen Sie dann diejenigen durch, die Sie ablegen möchten.

Beispiel:

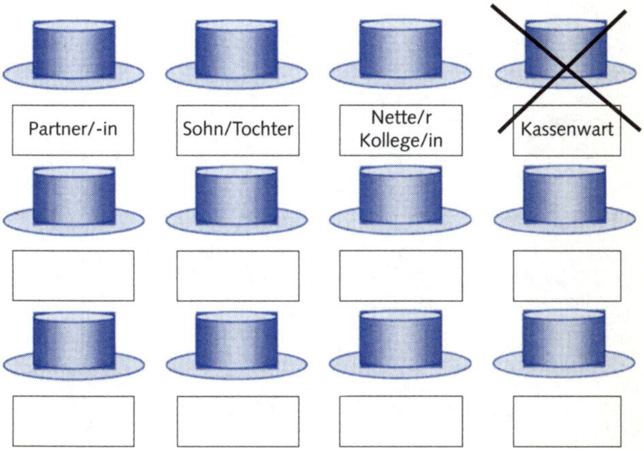

17. Leiten Sie aus Ihren Teilzielen einen Maßnahmenplan für den kommenden Monat ab und setzen Sie diesen mit den Instrumenten des klassischen Zeit-/Selbstmanagements um.

Jahresziel	Monatsziel	Maßnahme
Sinn/Kultur		
Familie/Kontakt		
Arbeit/Leistung		
Körper/Gesundheit		

Übertragen Sie die von Ihnen definierten Maßnahmen/Aufgaben sofort in Ihren Kalender oder Ihr Zeitplanbuch!

18. Wann ziehen Sie sich das nächste Mal zurück?

Notieren Sie, wann Sie sich das nächste Mal zurückziehen, um zu analysieren, ob die definierten Ziele noch Ihrer Lebensvision entsprechen und ob Sie gegebenenfalls Ihre Ziele und Maßnahmen korrigieren müssen.

Wann ziehe ich mich zurück?	Wohin ziehe ich mich zurück?	Wie lange ziehe ich mich zurück?

Übertragen Sie den Termin sofort in Ihren Kalender oder Ihr Zeitplanbuch! Sofern Sie sich beispielsweise in ein Hotel zurückziehen möchten, reservieren Sie sofort das Zimmer. Das erzeugt Verbindlichkeit.

19. Was haben Sie geändert, seit Sie zum ersten Mal Ihre Vision/Ihre Lebensziele formulierten? Welche Erfolge haben Sie erzielt?

Geändert habe ich …	Folgende (Teil-)Erfolge habe ich erzielt
Sinn/Kultur	
Familie/Kontakt	
Arbeit/Leistung	
Körper/Gesundheit	

20. Welches (Teil-)Ziel haben Sie nicht erreicht, obwohl Sie den Mut hatten, einen Versuch zu wagen?

Notieren Sie in der Tabelle, warum Sie Ihr (Teil-)Ziel nicht erreicht haben und was Sie daraus gelernt haben.

Nicht erreichtes (Teil-)Ziel	Warum?	Gelernt habe ich …

Leiten Sie aus obiger Tabelle ab, was Sie in Zukunft besser machen können und welche neuen Maßnahmen Sie gegebenenfalls ergreifen wollen, um Ihr (Teil-)Ziel zu erreichen.

(Teil-)Ziel	Was kann ich besser machen?	Neue Maßnahme?

21. Welche Veränderungen haben sich seit dem ersten Formulieren Ihrer Vision/Ihrer Lebensziele in Ihrem Leben ergeben?

Meine Lebensziele	Veränderungen
Sinn/Kultur	
Familie/Kontakt	
Arbeit/Leistung	
Körper/Gesundheit	

22. Welche weiteren Veränderungen zeichnen sich ab?

Meine Lebensziele	Indizien für Veränderungen	Mögliche Konsequenzen
Sinn/Kultur		
Familie/Kontakt		
Arbeit/Leistung		
Körper/Gesundheit		

Persönlicher Workshop zur Vertiefung:
Starten Sie erneut den Prozess der Definition Ihrer Lebensvision/Ihrer Lebensziele wie in Punkt 1 bis 17 beschrieben.

7 LIFE-LEADERSHIP-Tipps für Ihr Leben in Balance

1. Formulieren Sie Ihre persönliche Lebensvision.
Ein persönliches Leitbild (Mission Statement) oder Lebensziel hilft Ihnen, Sinn und Richtung Ihres Lebens näher festzulegen.

2. Beachten Sie: Weniger ist meistens mehr.
Die wirklichen Zeitprobleme im Leben entstehen, wenn wir zu viele Rollen gleichzeitig ausfüllen wollen. Wer sich zuviel vornimmt und alles verplant, bleibt unflexibel und stresst sich ebenso wie andere.

3. Sorgen Sie für eine ausgewogene Zeit- und Lebens-Balance.
Der Schlüssel zum Erfolg liegt in der qualitativen Zeit-Balance zwischen den beruflichen und persönlichen Lebensbereichen Arbeit/Leistung, Familie/Kontakt, Körper/Gesundheit und Sinn/Kultur.

4. Planen Sie Zeit für Ihre Lebensprioritäten.
Planen Sie pro-aktiv regelmäßig persönliche Zeitfenster oder Termine mit sich selbst ein – auch gegen die Widerstände anderer –, an denen Sie sich um Ihre Prioritäten zur Erreichung eigener Ziele kümmern.

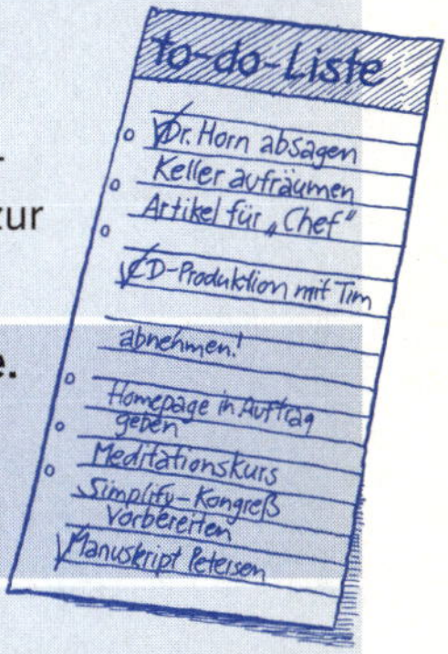

5. Konzentrieren Sie sich immer auf das Wesentliche.
Nur die konsequente Konzentration auf das Wesentliche bei den beruflichen wie privaten Lebensrollen garantiert Erfüllung, Ausgewogenheit und Lebenserfolg.

6. Entfliehen Sie der Dringlichkeits-Falle.
Bei dringenden Dingen re-agieren wir nur, bei wichtigen Dingen hingegen agieren wir. Unterwerfen Sie sich nicht dem täglichen Diktat der Dringlichkeit, sondern fokussieren Sie sich auf die Wichtigkeit eigener Ziele.

7. Gehen Sie mit Ihrer Lebenszeit bewusst und souverän um.
Leben in Balance oder Life-Leadership bedeutet bewusster, eigenverantwortlicher und gleichgewichtiger Umgang mit dem kostbaren und knappen Gut »Zeit«:

Heute beginnt der erste Tag vom Rest Ihres Lebens,
den Sie mit einem neuen Zeitbewusstsein beginnen können!

Literatur

Bücher

Adam, Barbara; Geißler, Karlheinz A. und Held, Martin (Hrsg.): *Die Nonstop-Gesellschaft und ihr Preis.* Stuttgart und Leipzig: Hirzel, 1998

Baeriswyl, Michel: *Chillout.* Wege in eine neue Zeitkultur. München: dtv, 2000

Brand, Stewart: *Das Ticken des langen Jetzt.* Frankfurt: Suhrkamp, 2000

Covey, Stephen R.: *Die sieben Wege zur Effektivität.* Ein Konzept zur Meisterung Ihres beruflichen und privaten Lebens. 11. Aufl., Frankfurt/M. und New York: Campus, 2000

Covey, Stephen R.; Merrill, Roger A.; Merrill, Rebecca R.: *Der Weg zum Wesentlichen.* Zeitmanagement der vierten Generation. 3. Aufl., Frankfurt/M. und New York: Campus, 1999

Covey, Stephen R.: *So leben Sie »Die sieben Wege zur Effektivität«.* Das bewährte Covey-Erfolgskonzept in der Praxis. Frankfurt/M. und New York: Campus, 2000

Csikszentmihalyi, Mihaly: *Flow.* Das Geheimnis des Glücks. 8. Aufl., Stuttgart: Klett-Cotta, 1999

Davies, Paul: *So baut man eine Zeitmaschine*. Eine Gebrauchsanweisung. München: Piper, 2004

Ernst, Heiko; Hauser, Renate; Katzenstein, Bernd; Mićić, Pero: *2020 – So werden wir leben.* Düsseldorf und Berlin: Metropolitan, 2000

Ernst, Heiko: *Das gute Leben*. Der ehrliche Weg zum Glück. München: Ullstein, 2003

Farkas, Viktor: *Zukunftsfalle – Zukunftschance.* Leben und Überleben im Dritten Jahrtausend. Frankfurt/M.: Umschau/Braus, 2000

Flockenhaus, Ute (Hrsg.): *Zukunftsmanagement.* Trainings-Perspektiven für das 21. Jahrhundert. 3. Aufl., Offenbach: GABAL, 2000

Geißler, Karlheinz A.: *Vom Tempo der Welt.* Am Ende der Uhrzeit. 4. Aufl., Freiburg, Basel und Wien: Herder, 1999

Geißler, Karlheinz A.: *Zeit – verweile doch …* Lebensformen gegen die Hast. Freiburg, Basel und Wien: Herder, 2000

Glotz, Peter: *Die beschleunigte Gesellschaft.* Kulturkämpfe im digitalen Kapitalismus. München: Kindler, 1999

James, Elaine Saint: *In Einfachheit leben.* 100 Schritte zu mehr Lebensfreude. München: Goldmann, 1998

Johnson, Spencer: *Ja oder Nein.* Der Weg zur besten Entscheidung. Wie wir Intuition und Verstand richtig nutzen. Reinbek bei Hamburg: Rowohlt, 1995

Jönsson, Bodil: *Zeit.* Wie man ein verlorenes Gut zurückgewinnt. 2. Aufl., Köln: Kiepenheuer & Witsch, 2000

Jones, Laurie Beth: *Mission Statement* – Vom Lebenstraum zum Traumleben. Praktische Übungen und Beispiele, wie Sie Ihr Ziel finden und erreichen. Wien: Signum, 1998

Küstenmacher, Werner Tiki; mit Seiwert, Lothar J.: *Simplify Your Life*. Einfacher und glücklicher leben. 11. Aufl., Frankfurt/M. und New York: Campus, 2004 (weltweit über 1 Million verkaufte Exemplare)

Martin, Manfred; Pörner, Gabi: *Das gesunde Unternehmen.* Body-Mind-Management. Die neue Stufe der Unternehmensevolution. München: Langen-Müller/Herbig, 1999

McGraw, Phillip C.: *Lebensstrategien.* 10 Regeln, damit Ihnen das gelingt, worauf es im Leben wirklich ankommt. Landsberg am Lech: mvg-Verlag, 2000

Opaschowski, Horst W.: *Generation @.* Die Medienrevolution entläßt ihre Kinder: Leben im Informationszeitalter. Hamburg: BAT – British American Tobacco (Hrsg.), 1999

Popcorn, Faith: *»Clicking«.* Der neue Popcorn Report. Die neuesten Trends für unsere Zukunft. München: Heyne, 1999

Röthlein, Brigitte: *Anleitung zur Langsamkeit.* Ruhiger und glücklicher leben. München: Piper, 2004

Seiwert, Lothar: *Das neue 1×1 des Zeitmanagement.* Zeit im Griff, Ziele in Balance. 24. Aufl., München: Gräfe und Unzer, 2003 (www.seiwert.de)

Seiwert Lothar: *Das Bumerang-Prinzip: Don't hurry, be happy.* In fünf Schritten zum Lebenskünstler. 2. Aufl., München: Gräfe und Unzer, 2004 (www.bumerang-prinzip.de)

Seiwert Lothar: *Das Bumerang-Prinzip: Mehr Zeit fürs Glück.* Life-Balance: Gesünder, erfolgreicher und zufriedener leben. Extra: Mit

Bumerang und Zeit-Guide. 4. Aufl., München: Gräfe und Unzer, 2003 (www.bumerang-prinzip.de)
Seiwert, Lothar J.: *Mehr Zeit für das Wesentliche*. Besseres Zeitmanagement mit der SEIWERT-Methode. 20. Aufl., München: Redline Wirtschaft, 2002
Seiwert, Lothar J.: *Wenn du es eilig hast, gehe langsam*. Das neue Zeitmanagement in einer beschleunigten Welt. Sieben Schritte zur Zeitsouveränität und Effektivität. 8. Aufl., Frankfurt/M. und New York: Campus, 2003 (auch als Hörbuch-CDs)
Sennett, Richard: *Der flexible Mensch*. Die Kultur des neuen Kapitalismus. 3. Aufl., Berlin: Siedler im Goldmann Verlag, 2000a
Sennett, Richard: *Verfall und Ende des öffentlichen Lebens*. Die Tyrannei der Intimität. 11. Aufl., Frankfurt/M.: Fischer, 2000b
Sprenger, Reinhard K.: *Die Entscheidung liegt bei dir!* Wege aus der alltäglichen Unzufriedenheit. 10. Aufl., Frankfurt/M. und New York: Campus, 2000
Weis, Kurt (Hrsg.): *Was treibt die Zeit?* Entwicklung und Herrschaft der Zeit in Wissenschaft, Technik und Religion. München: dtv, 1998

Zeitschriftenartikel

Bosch, Gerhard: Arbeitszeit, Arbeitsorganisation und Qualifikation, in: *Personalführung* 10/2000, S. 52-60
Breuer, Reinhard: Genieblitz ohne Widerhall, in: *bild der wissenschaft* spezial »Mehr Zeit!« (1999), S. 34-37
Buchter, Heike: Wie die Zeit zur Ware wurde, in: *bild der wissenschaft* spezial »Mehr Zeit!« (1999), S. 22-24
Dreschert, Matthias: Die Mitarbeiter der Zukunft werden Mitunternehmer sein, in: *Personalpresse* 1/2000, S. 9
Dreschert, Matthias: Weiterbildung an der Tankstelle, in: *Personalwirtschaft* 3/2000, S. 33-37
Epping, Bernhard: Weg mit dem Wecker, in: *bild der wissenschaft* spezial »Mehr Zeit!« (1999), S. 41-43
Grossekathöfer, Maik u. a.: Experimentieren bis zum Kollaps, in: *Der Spiegel* 37/2000, S. 200-206
Hamm, Wolfgang: Deine Zeit entsteht! in: *MultiMind* 2/1999, S. 6-9
Hauch, Regine: Unwegsamer Mittelweg, in: *Handelsblatt* 15./16. 12. 2000, S. K 1
Kraft, Peter: Leben im Augenblick, in: *MultiMind* 2/1999, S. 18-22
Kröher, Michael O. R.: Bedrohte Art, in: *manager magazin* 10/2000, S. 246-254

Kucklick, Christoph: Neuer Mann – was nun? in: *GEO Wissen* Nr. 26 »Frau & Mann«, September 2000, S. 44-53

Lotter, Wolf: Die Zeitraffer Zeit und Tempo, in: *brand eins* 6/2000, S. 82-89

Mattauch, Christine: Wie aus Nomaden Siedler werden, in: *brand eins* 5/2000, S. 98-108

Paulus, Jochen: Die vertriebene Zeit, in: *bild der wissenschaft* spezial »Mehr Zeit!« (1999), S. 102-105

Risch, Susanne: Der Anfang, der ein Ende ist, in: *manager magazin* 9/1999, S. 208-219

Wiede, Thomas: Tanz nach Terminen, in: *WirtschaftsWoche* 49/2000, S. 210-217

Zeit-Eysen, Peter: Uhrkunde, in: *MultiMind* 2/1999, S. 12-13

Informations- und Beratungsdienste

ORG: Der persönliche Organisations-Berater. Das Beratungs-Programm zu allen relevanten Fragen der Büro-Organisation, des Zeit-Managements und des Selbst-Managements. Loseblatt-Zeitschrift. Bonn: VNR Verlag für die deutsche Wirtschaft, 2000 ff. (www.org-online.de)

Simplify Your Life. Einfacher und glücklicher leben. Monatlicher persönlicher Beratungsdienst. Bonn: VNR Verlag für die deutsche Wirtschaft, 1999 ff. (www.simplify.de)

Simplify Your Work. Einfacher arbeiten – glücklicher leben. Monatlicher persönlicher Organisationsbrief. Bonn: VNR Verlag für die deutsche Wirtschaft, 2000 ff. (www.simplifywork.com)

Lothar J. Seiwert-Brief. Work-Life-Coaching – für ein Leben in Balance. Monatlicher Beratungs- und Trainingsbrief. München: Aktuell Verlag im Olzog Verlag, 2000 ff. (www.coaching-briefe.de) (Einen eigenen Coach, der Sie persönlich Schritt für Schritt voranbringt, können sich nur wenige leisten. Mit den Coaching-Briefen können Sie es auch!)

Kostenloser e-Newsletter

SEIWERT-Tipp: 1 Minute lesen – 1 Stunde Zeit fürs Glück.

Ihr persönliches Erfolgscoaching mit jeweils *einem* konkreten Tipp zu den vier Lebensbereichen Job, Kontakt, Body & Mind. Kurzer, knapper e-Newsletter mit praktisch umsetzbarem Sofort-Nutzen (*kostenlos*, erscheint wöchentlich), zu abonnieren unter:
www.seiwert.de oder www.bumerang-prinzip.de

Danksagung

An dieser Stelle möchte ich mich bei den Menschen bedanken, die mir persönlich dabei helfen, mein Leben in Balance zu leben. Neben meiner Partnerin und meiner Familie sind das auch all die Menschen, mit denen ich seit Jahren zusammenarbeite – meine Mitarbeiter, meine Kooperationspartner, meine Ansprechpartner in den Verlagen und Redaktionen, meine Seminarteilnehmer und Leser. Ihnen allen habe ich zu verdanken, dass sich die Idee von *Life-Leadership* für mich immer mehr konkretisiert und sie alle haben direkt oder indirekt auch an vorliegendem Buch mitgearbeitet.

Danke vor allem Bernhard Kuntz, Büro für Bildung & Kommunikation, Darmstadt. Sie haben mich mit Ihren konzeptionellen und redaktionellen Vorschlägen auf sehr produktive Weise bei der Entstehung dieses Buches begleitet.

Danke an Bettina Spangler, Chefredakteurin des Seiwert-Coaching-Briefs, Overath. Deine konstruktiven Beiträge und kritischen Hinweise haben viele Ideen auf den Punkt gebracht und haben mich davor bewahrt, meinen Lesern einen 1000-Seiter zu meinem Lieblingsthema zuzumuten.

Danke an Detlef Koenig, VNR Verlag für die Deutsche Wirtschaft AG, Bonn, für Ihr Sponsoring der Tiki-Cartoons.

Danke an Dich, lieber Werner Tiki Küstenmacher. Du bist für mich der Genius der Visualisierung und verstehst es im wahrsten Sinne, mit einem Bild mehr zu sagen als so mancher mit vielen Worten.

Danke an den Campus Verlag, Britta Kroker, Programmleiterin, für Ihre Unterstützung und Ermutigung für dieses Projekt.

Besonderer Dank an Carmen Kölz, Lektorin Wirtschaftspraxis im Campus Verlag. Denn ohne Ihr geduldiges, sehr engagiertes und kompetentes Lektorat würde ich noch immer an meinem Buch »proben«.

Danke auch Ihnen, liebe Monika Werneke, Wiesbaden, für »unser« gelungenes Titelbild. Sie verstehen es wie keine zweite, das innere und äußere, positive Bild eines Menschen auf Zelluloid zu bannen.

Danke meinen lieben Mitarbeiterinnen im Heidelberger Seiwert-Institut. Sie verstehen es vortrefflich, mir immer wieder den Rücken für das Wesentliche freizuhalten.

Danke an Sie, liebe Leserinnen und Leser. Sie machen mir und meinem Team die Freude, sich mit unserer Idee des Life-Leadership zu beschäftigen. Ihnen allen wünsche ich, dass Sie einige Anregungen für *Ihr* Leben in Balance finden:

Wenn nicht jetzt, wann dann?

Ihr Lothar J. Seiwert

Internet: www.seiwert.de
E-mail: info@seiwert.de

Coaching-Briefe
im Aktuell Verlag

Einen persönlichen Coach, der Sie persönlich Schritt für Schritt voranbringt, können sich nur wenige leisten. Sie können es mit dem

Lothar J. Seiwert-Brief Work-Life-Coaching

... für ein Leben in Balance

Lothar J. Seiwert-Brief
Work-Life-Coaching
... für ein Leben in Balance
Professionalität und Effektivität in allen Lebensbereichen gewinnen
Souveränität und Gelassenheit ausstrahlen
Balance und Persönlichkeit entwickeln
Monatlicher Coaching-Service ◆ Mai 2004
Liebe Leserin, lieber Leser,
Themen
Lothar J. Seiwert-Brief/Mai 2004

„Sie können dem Leben nicht mehr Tage hinzufügen, aber den Tagen mehr Leben geben! Wenn nicht jetzt, wann dann?"

Der neue monatliche Coaching-Service zu folgenden Themen:

- Professionalität & Effektivität (Arbeitstechniken, Selbstmanagement, Führungstechniken usw.).
- Souveränität und Gelassenheit (Zeitmanagement, Tagesplan, Prioritäten, Delegieren, Zielplanung usw.).
- Balance und Persönlichkeit (Lifeleadership, Lebensplanung, Lebensphilosophie, Beispiele erfolgreicher Menschen).

Nähere Informationen: Aktuell im Olzog Verlag
Fürstenrieder Straße 250 · 81377 München
Service-Telefon: 0 89/71 04 66-65 · Fax 0 89/71 04 66-61
www.coaching-briefe.de

SERIE PIPER

Fritz Maywald

Der Narr und das Management

Leistungssteigerung im Unternehmen zwischen Shareholder Value und sozialer Verantwortung.
203 Seiten. Serie Piper

Fritz Maywald entdeckt den Narren für das Management: Der Narr ist sowohl Symbol für Lust an der Veränderung als auch für Kreativität und Engagement. Er sieht klar und ungetrübt, denn er kümmert sich nicht um die gegebenen Zwänge. Alles Eigenschaften, die für ein zukunftsweisendes Management unerläßlich sind: Denn Veränderung heißt, Bedenkenträger hinter sich zu lassen, eingefahrene Geschäftsprozesse kritisch zu analysieren und neue Wege zu beschreiten. Dafür sind mutige und erfinderische Mitarbeiter gefragt. Die praktische Klugheit des Narren, seine Unerschrokkenheit und seine Unabhängigkeit stehen in Analogie zu den Anforderungen an den Manager, der innovative Prozesse in Unternehmen befördern soll. Man kann ihn Joker nennen – oder noch besser: Veränderungsmanager.

05/1210/01/L

Fritz Maywald

Phantasie und Management

Wege zum kreativen Bewußt-Sein.
224 Seiten. Serie Piper

Schöpferisch-Sein ist keine Auszeichnung nur ganz weniger großer Geister. Jeder kann kreativ sein und sollte diese Fähigkeit für sich und sein Unternehmen nutzen. Was Kreativität eigentlich ist und wie sie fruchtbar werden kann, veranschaulicht Fritz Maywald in seinem Buch: Nur wer auf den subtilen, plötzlichen Impuls von unerwarteter Seite hört und seiner eigenen inneren Vision folgt, kann bisher Unentdecktes offenlegen und neue Wege gehen. Die notwendigen Kräfte sind in jedem Menschen vorhanden und müssen nur entdeckt und freigesetzt werden. Praktische Übungen geben konkrete Anleitungen, die eigene Kreativität bewußt zu machen und sie nutzbringend im Beruf und im Privatleben einzusetzen.

05/1440/02/R

SERIE PIPER

Annette Simmons

Mit guten Geschichten Menschen gewinnen

Der Story-Faktor. Aus dem Amerikanischen von Ursula Held. 279 Seiten. Serie Piper

Mit einer guten Geschichte können Sie Menschen für sich gewinnen – sei es bei der Mitarbeiterführung, im Verkaufs- oder Verhandlungsgespräch oder bei der PR-Arbeit. Annette Simmons erklärt die psychologische Wirkung von Geschichten und zeigt, wie Sie auch unwillige und desinteressierte Menschen begeistern und motivieren können. Sie überzeugt nicht zuletzt, indem sie selbst eine Fülle von Geschichten erzählt, von denen jeder Leser sofort profitieren kann.

»Durch Stories sehen wir die Welt. Wenn eine Story unser Herz und Hirn bewegt, dann hat sie in uns eine Bereitschaft geschaffen, etwas zu verändern.«

Vera F. Birkenbihl

05/1623/01/L

Wolfgang Stehling

Ja zum Stress

Höchstleistungen bringen und im inneren Gleichgewicht bleiben. 145 Seiten. Serie Piper

»Ja zum Stress« ist ein Ratgeber, der gerade beruflich stark engagierten Menschen Wege zeigt, wie sie die täglichen Herausforderungen bewältigen und ihre Leistungsfähigkeit steigern können, ohne die Gesundheit zu gefährden. Wolfgang Stehling erklärt die drei Säulen im Umgang mit Stress – Konzentration, Ziele setzen und Gelassenheit. So schafft man die Basis für ein erfülltes und erfolgreiches Leben, beruflich und privat.

»Eine leicht verständliche Anleitung, wie man schädlichen Reaktionsmustern auf die Schliche kommt.«

Capital

05/1443/01/R

Ulrich Dehner

Die alltäglichen Spielchen im Büro

Wie Sie Zeit- und Nervenfresser erkennen und wirksam dagegen vorgehen. 230 Seiten. Serie Piper

Kennen Sie das »Ja-aber-Spiel«, das »Kannst-du-mir-mal-helfen?-Spiel« oder das »Opfer-Spiel«? Wir alle, ausnahmslos jeder und jede von uns, spielen gelegentlich. Die unterschwelligen Spielchen im Büro kommen an jedem Arbeitsplatz vor und hindern uns daran, unsere Arbeit schnell und effektiv zu erledigen. Sie sind für alle Spieler und Spielerinnen lästig, regen auf und machen Ärger. Ulrich Dehner zeigt, wie man solche Bürospiele erkennt, welche Rolle man selbst darin einnimmt und wie man sich dieser weitverbreiteten »Spielsucht« entziehen kann und im Gegenzug an Job-Qualität gewinnt.

»Das Buch zeigt, welche Mechanismen uns selbst zu Spielern machen – und wie wir sie ausschalten können.«
Die Zeit

05/1394/01/L

Roman Braun

Die Macht der Rhetorik

Besser reden – mehr erreichen. 284 Seiten. Serie Piper

Die Qualität Ihrer Kommunikation bestimmt Ihren beruflichen Erfolg, Ihre Zufriedenheit und Ihr Lebensglück. Entscheidend ist, wie Sie Ihre Qualitäten präsentieren, Konflikte lösen und Beziehungen aufbauen. Profitieren Sie vom Rhetorik-Know-how der letzten 2500 Jahre, von Aristoteles bis zur Hypno-Rhetorik®. In diesem Buch zeigt Roman Braun Ihnen nicht nur die zehn Einsteiger-Tipps, sondern auch bewährte und innovative Wege zur Rhetorik für Fortgeschrittene.

»So wünscht man sich einen Ratgeber: konsequent praktisch aufbereitete Tipps, die zur sofortigen Umsetzung einladen, illustriert mit Fallbeispielen, die das Thema nachvollziehbar und plastisch machen, und das alles flott und mit viel Hintergrundwissen verfasst. Absolut vorbildlich.«
Zeit zu leben

05/1442/02/R

SERIE PIPER

Barbara Bierach

Das dämliche Geschlecht

Warum es kaum Frauen im Management gibt. 222 Seiten. Serie Piper

Frauen in Deutschland sind nicht unterprivilegiert und unterdrückt, sondern verhalten sich einfach falsch – so lautet Barbara Bierachs umstrittene These. Dabei wendet sie sich vor allem an die Frauen, die nach ihrem Studium beginnen, die Karriereleiter hinaufzuklettern – um dann mit Mitte dreißig frustriert in einer Vorstadtvilla zu verschwinden. Nehmt euch einfach die Hälfte des Himmels, lautet Barbara Bierachs ebenso provokanter wie ermutigender Appell.

»Launig und faktenreich erklärt die Wirtschaftsjournalistin in Führungsposition, wie deutsche Frauen sich selbst behindern: Sie lesen Anti-Falten-Ratgeber statt Tageszeitungen, studieren Anglistik statt Statistik. Und sie kämpfen um Kuschelecken statt um Macht, für Frauenquoten statt um bessere Kinderbetreuung.«

Der Spiegel

05/1613/01/L

Richard Stengel

Handbuch für Schmeichler & Arschkriecher

Aus dem Amerikanischen von Karin Schuler. 363 Seiten. Serie Piper

Schmeicheln ist, das hat der amerikanische Journalist und Politikberater Richard Stengel herausgefunden, der Kitt, der die Gesellschaft zusammenhält. Aber – man muß wissen, wie! Sonst wird es gefährlich, oder noch schlimmer: Es wird peinlich … In seinem amüsanten Streifzug durch die Geschichte dieser alten Kunst zeigt Stengel, wie man es richtig macht. Ob Pharao, Kaiser, Staatschef oder unser Boß: Niemand ist immun, alle brauchen sie die geschickte und intelligente Schmeichelei. Und: Wir brauchen die Chefs! Also – rauf auf die Schleimspur und nicht ausrutschen!

»Stengels facettenreiche Kulturgeschichte der Schmeichelei schafft die selbstironische Gratwanderung zwischen unterhaltsam Informieren und fundiert Ratgeber-Spielen. Mein Kompliment!«

Norddeutscher Rundfunk

05/1622/01/R

Peter Noll, Hans Rudolf Bachmann

Der kleine Machiavelli

Handbuch der Macht für den alltäglichen Gebrauch. 173 Seiten. Serie Piper

Im Mittelpunkt dieses »Handbuchs« steht der Manager, der erfolgreiche Aufsteiger der Neuzeit – oder auch der, der es gerne wäre –, dem jedes Mittel recht ist, wenn es nur der eigenen Karriere dient. Daran hat sich wenig geändert, seit Niccolò Machiavelli in seiner Streitschrift »Il principe« die Regeln des Machtspiels beschrieben hat. Machtgewinn heißt das erklärte Ziel, es gilt, sich möglichst perfekt die »Powerplay«-Gesetze anzueignen. Eine erfrischende Satire auf die Wirtschaft und ihre Drahtzieher.

»Ein Buch, das in den vergangenen Jahren Wort um Wort an Wirklichkeitsgehalt gewonnen hat.«

Der Tagesspiegel

05/1665/01/L

Nathaniel Branden

Die 6 Säulen des Selbstwertgefühls

Erfolgreich und zufrieden durch ein starkes Selbst. Aus dem Amerikanischen von Anni Pott. 355 Seiten. Serie Piper

Ein stabiles Selbstwertgefühl und positive Ausstrahlung sind entscheidende Voraussetzungen für privaten und beruflichen Erfolg. Die Selbstwahrnehmung der eigenen Stärken und Schwächen beeinflußt tatsächlich jeden Moment der persönlichen Existenz. Leider ist man sich jedoch selbst am meisten im Weg und verhindert dadurch Zufriedenheit und Erfolg. Wer den Weg zu einem gesunden Selbstwertgefühl sucht, findet den Schlüssel dazu in diesem Buch. Nathaniel Branden stellt die Grundprinzipien vor, die zu innerer Stärke, Gleichgewicht und Harmonie führen. Anhand vieler Beispiele und Übungen zeigt der Erfinder des modernen Begriffs des Selbstwertgefühls, wie Sie dies in Ihrem eigenen Leben umsetzen können.

05/1209/01/R